Nunc est ridendum

Nunc est ridendum

Spaß mit Latein

Lateinisch / Deutsch

Ausgewählt und herausgegeben
von Melanie Kattanek

Reclam

RECLAMS UNIVERSAL-BIBLIOTHEK Nr. 19533
2018, 2022 Philipp Reclam jun. Verlag GmbH,
Siemensstraße 32, 71254 Ditzingen
Durchgesehene und bibliographisch aktualisierte Ausgabe 2022
Umschlaggestaltung: it'sme design, marielle enders
Abbildungen S. 27 und 32 aus: *Die Bremer Stadtmusikanten*,
illustriert von Markus Lefrançois, Stuttgart 2014
Druck und Bindung: Esser printSolutions GmbH,
Untere Sonnenstraße 5, 84030 Ergolding
Printed in Germany 2025
RECLAM, UNIVERSAL-BIBLIOTHEK und
RECLAMS UNIVERSAL-BIBLIOTHEK sind eingetragene Marken
der Philipp Reclam jun. GmbH & Co. KG, Stuttgart
ISBN 978-3-15-019533-8

www.reclam.de | info@reclam.de

Vorwort

Fußball-Fans, Hobbyköche, Knobler und Charmeure – für alle ist auf den folgenden Seiten etwas dabei. Aus dem vielen für heutige Leser Unterhaltsamen, was das Lateinische zu bieten hat, habe ich ein paar nette Stellen ausgewählt, und wer sich über den jeweiligen Kontext informieren und/oder weiterlesen möchte, findet im Anhang einige Lektüreempfehlungen. Die antiken Schriftsteller kommen zu Wort, aber auch heutige Latein-Fans, die Ihresgleichen mit *Nuntii* beglücken – oder mit lateinischen Märchen und Pop-Songs. Den vielen Beiträgern will ich an dieser Stelle ganz herzlich danken – sie werden auf den Seiten 159 f. namentlich genannt – ebenso wie Gerd König fürs kritische Gegenlesen.

Nun bleibt mir nur noch zu sagen: *Alimbeu, Columbeu, Petalimbeu, faciatis lectores faventes istius libelli ...* – und eine gute Unterhaltung zu wünschen!

Melanie Kattanek

Datein

… statt immer nur Denglisch

Hic liber est mein,
Ideo nomen meum scripsi drein.
Si vis hunc librum stehlen,
Pendebis an der Kehlen.
Tunc veniunt die Raben
Et volunt tibi oculos ausgraben.
Tunc clamabis ach, ach, ach!
Utique tibi recte geschah.

(Ein Zettel mit diesem Text befindet sich in der Papierhandschriften-Sammlung des Germanischen Nationalmuseums.)

Schlaaand!

Tacitus über Germanien

Quis ..., praeter periculum horridi et ignoti maris,
Asia aut Africa aut Italia relicta Germaniam peteret, infor-
mem terris, asperam caelo, tristem cultu
adspectuque, nisi si patria sit?

Mal abgesehen von der Gefahr des schrecklichen, unbe-
kannten Meeres: Wer ... würde Asien, Afrika oder Itali-
en verlassen und nach Germanien gehen wollen, land-
schaftlich hässlich, rau im Klima, schlecht zu bebauen
und trostlos anzusehen – außer natürlich, es ist seine
Heimat?

Terra ... aut silvis horrida aut paludibus foeda, umidior qua
Gallias, ventosior qua Noricum ac Pannoniam adspicit; satis
ferax, frugiferarum arborum inpatiens, pecorum fecunda,
sed plerumque improcera.

Germanien ... ist durch seine Wälder schaurig, durch
die Sümpfe scheußlich, Richtung Gallien ist es feuchter,
Richtung Noricum und Pannonien windiger. Das Land
ist hinreichend ertragreich, Obstbäume wachsen nicht,
Vieh gibt es reichlich, allerdings ist es zumeist unan-
sehnlich.

... und über die Germanen

Truces et caerulei oculi, rutilae comae, magna corpora
et tantum ad impetum valida: laboris atque operum non
eadem patientia, minimeque sitim aestumque tolerare,
frigora atque inediam ... adsueverunt.

Ihre Augen sind grimmig und blau, das Haar ist rötlich,
ihre Körper sind groß, nur zum Angriff geeignet. Mü-
hen und Arbeit halten sie weniger gut aus, am wenigs-
ten Durst und Hitze; Kälte und Hunger sind sie aber ...
gewohnt.

Apud quos plurimum hiems occupat.

Bei ihnen ist die meiste Zeit Winter.

Potui umor ex hordeo aut frumento, in quandam similitudi-
nem vini corruptus. ... Si indulseris ebrietati suggerendo
quantum concupiscunt, haud minus facile vitiis quam armis
vincentur.

Als Getränk dient eine Flüssigkeit aus Gerste oder Wei-
zen, vergoren zu etwas Weinähnlichem. ... Willst du
der Trunksucht nachgeben und gewährst ihnen, so viel
sie wollen, dann werden sie durch ihre Laster nicht
schwerer zu besiegen sein als mit Waffen.

Germania 2; 4; 5; 22; 23

Max et Moritz

Facinus tertium

Erat notus omnibus
Hirculus vestificus.

Ille vestes cottidianas,
rusticanas et urbanas,
fabricabat. Stolas leves,
bracas longas, bracas breves,
indumenta, suppara,
paenulas, amicula
faciebat et suebat.
Arte sua excellebat.
Qui et vestes sarciebat,
reparabat, reficiebat.
Globulum qui amittebat,
ei novum adiungebat.
Qua de causa omnibus
erat gratus Hirculus.
Gratia autem improborum
non florebat geminorum.
Casulam, quam incolebat,
rivus saevus alluebat.

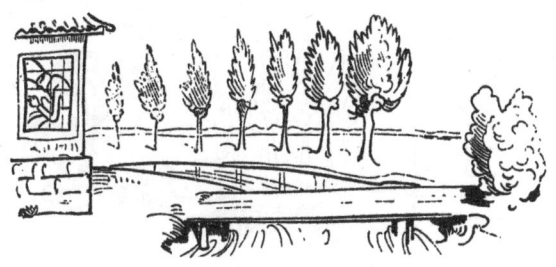

Super rivum parvulus
pons ferebat ligneus.

Max et Moritz impigri
serra manu habili
partim hunc ponticulum
insecant ridiculum.

Et quo facto Hirculi
nomen clamant rustici
more capri mutientes,
maledicta proferentes.
Bonum virum placidum
et plerumque tacitum
repentino magna ira
haec inflammant verba dira.

Ulnam suam agitat,
quacum foras evolat.
Quem tricones cavillantur.
Iam convicia iterantur.

Damnum instat imprudenti
in ponticulum ruenti.

Vae, in rivum rapidum
miserandus cadit – plum!
Annavit per commodum
par firmorum anserum.

Quorum vir perterritus
pedes captat manibus.

Qui ad ripam madidum
referunt vestificum.

Ossa frigida lavare
minime est salutare.

Ideo torminibus
nunc laborat Hirculus.

Corpus aegrum est sanandum,
ferro fervido tractandum.
Quod fit multo cum amore
prosepereque ab uxore.

Totus vicus iubilavit:
Hircus morbum superavit!

Für den nächsten Stadionbesuch: Fußball-Lieder!

Schiedsrichter, ans Telefon!

Mit der Melodie von »Haribo macht Kinder froh«

Arbiter, matura! Te
quaerunt telefonice!

Foul!

Mit der Melodie von »Ein Männlein steht im Walde«

Hic asinus ab arbitro chartula
multatus iusto iure est rubida.
Iusto iure chartula
est multatus rubida,
est multatus chartula rubida!

Handspiel!

Mit der Melodie von »Michael, Row The Boat Ashore«

Ludi lex infracta est, halleluia!
Pila manu tacta est, halleluia!

Abseits!

Mit der Melodie von »Ein Vogel wollte Hochzeit halten«

Enormi hic est positus
in loco adversarius.
Fi-di-ra-la-la …

Tooooooooor!

Mit der Melodie von »Oh, wie bist du schön«

Ballax fecit »bum«, »bum« iam iterum.
Ballax pedifolle fecit »bum«
iam iterum!

Mit der Melodie von »Come All Ye Faithful«

Omnes gaudete! Iniit in rete
follis! Immissust pedis summa vi.
Omnes gaudete! Follis est in rete!
Gaudete, iubilate,
gestite, exsultate,
studiosi pedilusus fidissimi!

Sieg!

Mit der Melodie von »For He's A Jolly Good Fellow«

Laudemus diem hodiernum,
laudemus diem hodiernum,
laudemus diem hodiernum:
Victoriam tulimus,
victoriam tulimus!

Denkanstöße

Discipulus est prioris posterior dies.
Schüler des gestrigen Tages ist der morgige Tag.

Publilius Syrus, *Sententiae* D 1

Non est beatus, esse se qui non putat.
Es ist nicht glücklich, wer sich nicht für glücklich hält.

Publilius Syrus, *Sententiae* N 61

Nec quod fuimusve sumusve, cras erimus.
Und was wir waren oder sind, werden wir morgen nicht
mehr sein. Ovid, *Metamorphoses* 15,215 f.

Res, aetas, usus semper aliquid adportet novi.
Die Situation, die Zeit und die Erfahrung werden immer
etwas Neues bringen.

Terenz, *Adelphoe* 856

Tempora mutantur et nos mutamur in illis.
Die Zeiten ändern sich, und wir ändern uns mit ihnen.

seit dem 16. Jahrhundert als Sprichwort belegt

Kreuzworträtsel

1	2	3	4	5	6		7	8	9	10
11				12		13			14	
15		16	17					18		
19					20			21	22	23
24				25		26		27		
28			29				30	31		
			32		33				34	
35		36						37		38
39		40					41			
	42			43		44		45		
46			47		48					

Waagerecht: 1. Röm. Autor, Politiker, Redner, Philosoph. | **7.** »Tag« im Genitiv. | **11.** Kurzform von »atque«. | **12.** Lat. »sein«. | **14.** Elf in röm. Ziffern. | **15.** »Wehe den Besiegten!« | **19.** Poetisch: »Ich habe zerstört.« | **20.** Geliebte des Jupiter, von der eifersüchtigen Juno in eine Kuh verwandelt. | **21.** Siehe 18 senkrecht, aber ohne Senatsbeteiligung. | **24.** Tätigkeitsort der Sibylle. | **26.** Siehe 8 senkrecht. | **27.** Lat. Anhängsel: »und«. | **28.** Röm. Münze. | **29.** Lat. »hin/zu«. Auch Abkürzung für Lat. »Im Jahre des Herrn«. | **30.** Lat. »Sorgen« im Akk. Pl. | **32.** Teil der röm. Bewaffnung, Wurfspieß. | **34.** 50 als röm. Ziffer. | **35.** Stand in der röm. Gesellschaft unterhalb der *senatores*. | **37.** Lat. »die Fromme/Gewissenhafte«. | **39.** 1000 als röm. Ziffer. | **40.** Lat. »nicht«. | **41.** Lat. »Kunst« im Ablativ. Heute Fernsehsender. | **42.** Wird aus der Vorsilbe *ab-* in Kombination mit *ferre*. | **43.** Lat. »Salz«. | **45.** Im Deutschen poetisch für *aquila*. | **46.** Lat. »wenn auch«. | **48.** Erleben in Horaz' Satire 2,6 Abenteuer.

Senkrecht: 1. Lat. Warnung vor dem Hunde. | **2.** Kam der Sonne zu nah und stürzte deswegen ins Meer. | **3.** 100 als lat. Ziffer. | **4.** Lat. »aus/heraus«. | **5.** Lat. »Sache«, aber im Genitiv. | **6.** Antikes Volk in Kampanien. | **7.** Lat. »Gott« im Genitiv. | **8.** Lat. »Geh!«. | **9.** Siehe 4 senkrecht, aber in der langen Form. | **10.** Lat. »ich bin gegangen«. | **13.** Anhänger einer Philosophenschule. | **16.** Lat. »ihn«. | **17.** Berühmte röm. Straße von Rom nach Brundisium, aber ein Doppelvokal ist zu einem verschmolzen. | **18.** Abkürzung, die für Rom schlechthin steht und noch heute in Rom auf beinahe jedem Gullydeckel zu lesen ist. | **22.** Lat. »Beschaffenheit«. | **23.** Siehe 5 senkrecht, aber Nominativ. | **25.** Lat. »herausgegeben« (PPP), allerdings im Maskulinum. | **31.** Halbe lateinische »Schulter«. | **33.** Geliebte des Jupiter – er näherte sich ihr in Gestalt eines Schwans. Akkusativ. | **36.** Deutsche *bubones*. | **37.** Lat. »vor«, aber der Vokal am Ende hat sich verwandelt. | **38.** Lat. »Luft« im Ablativ. | **42.** Lat. »aber«. | **44.** Lucius und Aulus, aber beide ganz kurz. | **47.** Siehe 8 senkrecht.

Zum Glück – der Frauen – haben sich die Zeiten geändert ...

Altera pars (= feminae) ad obsequendum, altera (= viri) imperio nata sit.

Der eine Teil (der Menschen) ist zum Gehorchen geboren (die Frauen), der andere zum Befehlen (die Männer).

Seneca, *De constantia sapientis* 1,1

Mulieres omnis propter infirmitatem consili maiores in tutorum potestate esse voluerunt.

Unsere Vorfahren wollten, dass alle Frauen wegen ihrer geringen Urteilsfähigkeit unter einer Vormundschaft stehen.

Cicero, *Pro Murena* 27

Tacitus (*Annales* 3,33–34) referiert eine Debatte über die Frage, ob Soldaten ihre Ehefrauen auf Feldzügen mitnehmen sollten: ➤

Contra

Haud enim frustra placitum, olim ne feminae in socios aut gentis externas traherentur: ... non imbecillum tantum et imparem laboribus sexum sed, si licentia adsit, saevum, ambitiosum, potestatis avidum ... Cogitarent ..., quotiens repetundarum aliqui arguerentur, plura uxoribus obiectari ... Vinclis exolutis domos, fora, iam et exercitus regerent.

Nicht umsonst habe man einst beschlossen, keine Frau zu den Bundesgenossen oder zu auswärtigen Völkern mitzunehmen: ... nicht nur schwach ist ihr Geschlecht und den Strapazen nicht gewachsen, sondern, wenn man es zulässt, sind sie grausam, ehrsüchtig, machtgeil ... Man solle bedenken, dass jedesmal, wenn jemand wegen Bestechung angeklagt worden ist, den Frauen am meisten vorzuwerfen war ... Seien die Fesseln erst gelöst, würden die Frauen zu Hause, im öffentlichen Leben und nun auch im Militär das Regiment führen.

Pro

... Sexum natura invalidum deseri et exponi suo luxu, cupidinibus alienis. Vix praesenti custodia manere inlaesa coniugia.

... das von Natur aus schwache Geschlecht werde (sonst) zurückgelassen und seiner eigenen Verschwendungssucht, fremden Begierden überlassen. Die Ehen blieben doch schon unter Aufsicht kaum unverletzt.

Lateinische Sprache, schwere Sprache

Übersetzungsfehler, die zum Schmunzeln anregen

senex rusticus – der Landkreis (mit »Landgreis« hätte man gar nicht so falsch gelegen …)

Index librorum prohibitorum – das Verzeichnis der unehelichen Kinder

genus humanum – das menschliche Knie

loco sigilli – nachdem der Lokus versiegelt worden war

classis Romana – die schicke Römerin

Hoc minime nocet. – Das schadet, mein Kleinster.

Dominus vobiscum. – Ich gebe euch weniger mit.

Socrates maluit bonus esse quam videri. – Sokrates wollte lieber etwas Gutes essen als zuschauen.

Amici falsi

altus – alt
fallere – fallen
plaudere – plaudern

altus: hoch/tief – fallere: täuschen – plaudere: klatschen/schlagen

Cantate Latine

My Bonnie Is Over The Ocean

Dilectulus meus trans undas
oceani est, peregre,
oceani vasti trans undas.
Hunc, Zephyre, refer ad me!
Refer, refer,
hunc, Zephyre, refer ad me, ad me!
Refer, refer,
hunc, Zephyre, refer ad me!

Praeterita nocte dilectum
videbam per somnium.
Praeterita nocte dilectum
videbam, eheu, mortuum.
Refer …

Trans maria venti flaverunt
vi summa. Illi peregre,
dis gratia sit, rettulerunt
amicum dilectum ad me.
Rettulerunt
amicum dilectum ad me, ad me.
Rettulerunt
amicum dilectum ad me.

Der beste Freund des Menschen

Columella, *De re rustica* 7,12

Nam quis hominum clarius aut tanta vociferatione bestiam vel furem praedicat quam iste latratu, quis famulus amantior domini, quis fidelior comes, quis custos incorruptior, quis excubitor inveniri potest vigilantior, quis denique ultor aut vindex constantior?

Welcher Mensch macht deutlicher und lauter auf ein wildes Tier oder einen Dieb aufmerksam als er durch sein lautes Gebell, welcher Diener ist seinem Herrn enger verbunden, welcher Begleiter ist treuer, welcher Aufpasser unbestechlicher, was für ein Wächter kann gefunden werden, der aufmerksamer ist, und – zu guter Letzt: wer kann ein sichererer Rächer oder Beschützer sein?

Nominibus autem non longissimis appellandi sunt, quo celerius quisque vocatus exaudiat, nec tamen brevioribus quam quae duabus syllabis enuntiantur, sicuti Graecum est Skylax, Latinum Ferox, Graecum Lakon, Latinum Celer, vel femina, ut sunt Graeca Spoude, Alke, Rome, Latina Lupa, Cerva, Tigris.

Sie müssen mit Namen gerufen werden, die nicht über-
mäßig lang sind, damit ein jeder umso schneller ge-
horcht, wenn er gerufen wurde, und doch sollen sie
nicht weniger als zwei Silben umfassen, wie der griechische Name Skylax (Welpe), der lateinische Ferox (wild),
der griechische Lakon (Spartaner), der lateinische Celer
(schnell), oder für eine Hündin die griechischen Namen
Spoude (Eile), Alke (Tapferkeit), Rome (Stärke) und die
lateinischen Namen Lupa (Wölfin), Cerva (Hirschkuh)
und Tigris (Tigerin).

Wer Angst vor Hunden hat, sollte sich die Zunge einer
Hyäne als Sohle in den Schuh legen, so Plinius (*Naturalis
historia* 28,100) – eos vero, qui linguam in calciamento sub
pede habeant, non latrari a canibus.

Hundenamen in Ovids *Metamorphosen* –

und übersetzt von Michael von Albrecht:

Aello (Windsbraut)

Agre (Jägerin)

Alce (Starkmut)

Argiodus (Wildzahn)

Asbolos (Schornsteinfeger)

Canache (Rasslerin)

Cyprius (Zyprer)

Dorceus (Späher)

Dromas (Läuferin)

Harpalos (Räuber)

Harpyia (Fassan)

Hylactor (Belferer)

Hylaeus (Waldmann)

Ichnobates (Spurengänger)

Labros (Ungestüm)

Lachne (Zottelchen)

Lacon (Spartaner)

Ladon (Haltefest)

Laelaps (Sturmwind)

Leucon (Schneeweiß)

Lycisce (Wölflein)

Melampus (Schwarzfuß)

Melaneus (Mohrchen)

Nape (Schluchtengängerin)

Nebrophonos (Hirschmörder)

Oribasos (Berggänger)

Pamphagos (Allesfresser)

Poemenis (Passauf)

Pterelas (Schwungfeder)

Sticte (Schecke)

Theron (Waidmann)

Thoos (Sputedich)

Tigris (Tigerin)

Canis per fluvium carnem ferens

Amittit merito proprium qui alienum adpetit.
Canis, per fluvium carnem cum ferret, natans
lympharum in speculo vidit simulacrum suum,
aliamque praedam ab altero ferri putans
eripere voluit; verum decepta aviditas
et quem tenebat ore dimisit cibum,
nec quem petebat adeo potuit tangere.

Der Hund, der das Fleisch durch den Fluss trägt

Es verliert zu Recht Eigenes, wer Fremdes haben will. /
Ein Hund schwamm durch einen Fluss und trug dabei
Fleisch (im Maul); / er sah in der Wasseroberfläche sein
Spiegelbild, / glaubte, da trage ein anderer noch eine
Beute, / wollte sie ihm wegnehmen; aber die Gier
täuschte ihn, / und er verlor die Speise, die er im Maul
trug – / und kam auch nicht an die, die er haben wollte.

Phaedrus, *Fabulae* 1,4

Kurios

Q. Lucretium proscriptum a triumviris uxor Turia inter came-
ram et tectum cubiculi abditum … ab imminente exitio …
tutum praestitit.

Als Quintus Lucretius von den Triumvirn proskribiert
wurde, versteckte seine Frau Turia ihn in einem Zwi-
schenraum zwischen Decke und Dach ihres Schlafzim-
mers … und bewahrte ihn so vor dem drohenden Tod.

Valerius Maximus 6,7,2

In einer Inschrift auf einer Statuenbasis in Tivoli (CIL
14,3609) steht ein Name, den sich vermutlich nicht einmal
der beste Nomenclator merken konnte:

Quintus Pompeius Senecio Roscius Murena Coelius Sextus
Iulius Frontinus Silius Decianus Gaius Iulius Eurycles Her-
culaneus Lucius Vibullius Pius Augustanus Alpinus Belli-
cius Sollers Iulius Aper Ducenius Proculus Rutilianus
Rufinus Silius Valens Valerius Niger Claudius Fuscus Saxa
Uryntianus (?) Sosius Priscus

Der Mann mit den 36 Beinamen (darunter dreimal Iulius
und zweimal Silius) war im Jahr 169 Konsul.

Plinius berichtet von Inseln in der Ostsee, …

… in quibus nuda alioqui corpora praegrandes ipsorum
aures tota contegant.

… auf denen (die Bewohner) ihre sonst nackten Körper
mit ihren übergroßen Ohren ganz bedecken.

Plinius, *Naturalis historia* 4,95

Die Kuh macht »muuuuuuh«

In der *Historia Augusta* (5,4–8) ist überliefert, der Kaiser Geta habe die Philologen gerne gefragt, wie man die Geräusche einzelner Tiere nennt. Viel Erfolg beim Zuordnen!

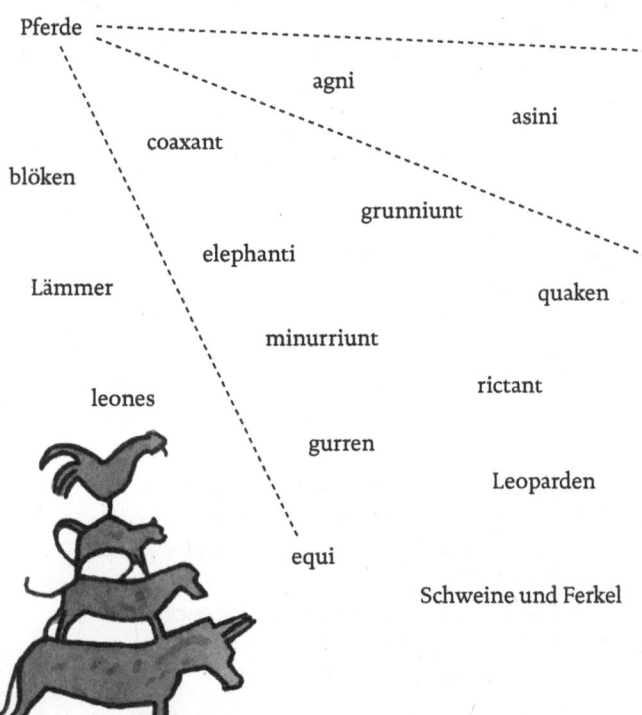

Pferde

agni

asini

coaxant

blöken

grunniunt

elephanti

Lämmer

quaken

minurriunt

leones

rictant

gurren

Leoparden

equi

Schweine und Ferkel

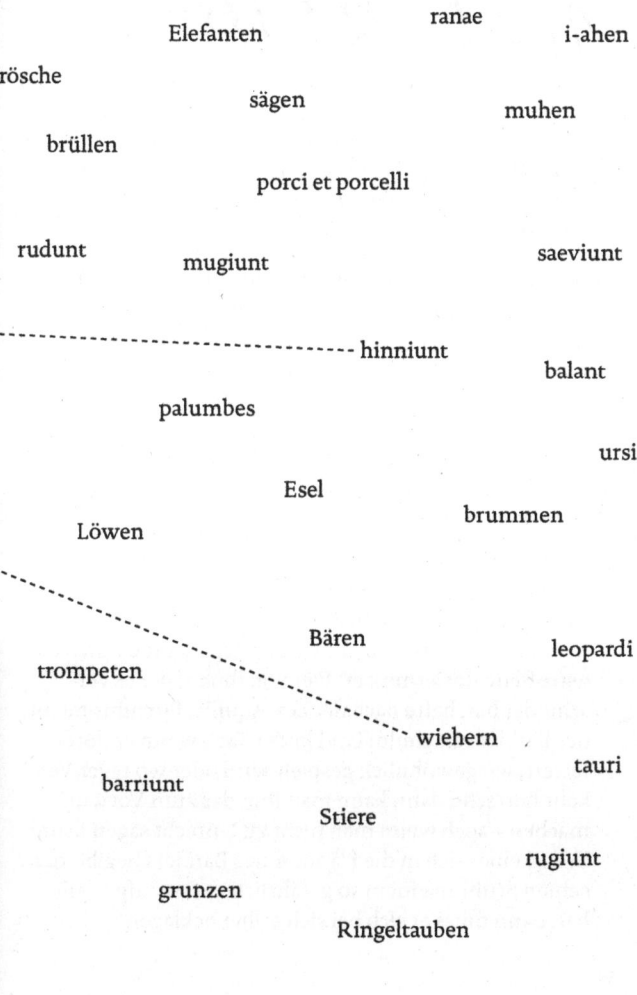

ranae

Elefanten   i-ahen

Frösche

sägen   muhen

brüllen

porci et porcelli

rudunt   saeviunt

mugiunt

- hinniunt

balant

palumbes

ursi

Esel

brummen

Löwen

Bären   leopardi

trompeten

wiehern

tauri

barriunt

Stiere

rugiunt

grunzen

Ringeltauben

Wer hat Schuld?

Justinians Digesten wurden in späterer Zeit als Lehrwerk bei der Ausbildung von Juristen verwendet. Man kann sich eine Verhandlung dieses Falls (*Digestae* 9,2,11,1) lebhaft ausmalen …:

Si, cum pila quidam luderent, vehementius quis pila percussa in tonsoris manus eam deiecerit et sic servi, quem tonsor habebat, gula sit praecisa adiecto cultello: in quocumque eorum culpa sit, eum lege aquilia teneri. Proculus in tonsore esse culpam: et sane si ibi tondebat, ubi ex consuetudine ludebatur vel ubi transitus frequens erat, est quod ei imputetur: quamvis nec illud male dicatur, si in loco periculoso sellam habenti tonsori se quis commiserit, ipsum de se queri debere.

Wenn beim Ballspielen einer mit zu viel Wucht den Ball geworfen hat und dieser die Hände eines Barbiers getroffen hat und dadurch die Kehle eines Sklaven, den der Barbier gerade rasierte, durchschnitten wurde durch das getroffene Rasiermesser: Der von ihnen, der es verschuldet hat, hafte nach der Lex Aquilia. Proculus meint, der Barbier sei schuld: Und in der Tat – wenn er dort rasiert, wo gewöhnlich gespielt wird oder wo reger Verkehr herrscht, dann kann man ihm das zum Vorwurf machen – auch wenn man nicht zu Unrecht sagen kann: Wenn einer sich in die Hände eines Barbiers begibt, der seinen Stuhl an einem so gefährlichen Ort aufgestellt hat, dann muss er sich bei sich selber beklagen.

Kochrezept

Zwar kannten die Römer weder Kaffee und Tee noch Schokolade, Kartoffeln und Tomaten – aber trotzdem tischten sie leckere Gerichte auf. Zum Beispiel:

Porcellum coriandratum
Spanferkel mit Koriandersauce

Zubereitungszeit: 60 Min.
Kochzeit: 45 Min.
Zutaten für 12 Portionen:

1 kleines Spanferkel oder 2,5–3 kg Spanferkelrollbraten
100 g Rosinen
100 g Pinienkerne
1 kleine Zwiebel

Für die Sauce:
1 EL gemahlener Pfeffer
2 EL getrocknete Dillspitzen
2 EL gerebelter Oregano
eine Handvoll frische Korianderblätter
2 EL Honig
200 ml Rotwein (z. B. Chianti)
4 EL Colatura di Alici (Fischsauce als Garum-Ersatz)
4 EL Olivenöl
2 EL Rotweinessig
4 EL Defrutum (eingekochter Traubensaft)

Zubereitung

Das Spanferkel bzw. den Rollbraten langsam am Spieß oder auf dem Rost grillen.

Den frischen Koriander fein hacken und mit den übrigen Zutaten für die Sauce in einen Topf geben und gut verrühren. Die Sauce aufkochen und dann 20 Min. auf mittlerer Flamme etwas einkochen lassen.

Wenn der Rollbraten bzw. das Spanferkel fertig ist, in Portionen zerlegen, mit der Sauce übergießen, mit Rosinen, Pinienkernen und gehackter Zwiebel bestreuen und servieren.

nach: Apicius, *De re coquinaria* Exc. 20

Cum ad cenandum discubuimus, alius sputa deterget, alius reliquias temulentorum toro subditus colligit.

Wenn wir uns zum Essen hingelegt haben, macht ein Sklave die Spucke weg, ein anderer, unter dem Sofa verborgen, wischt die Hinterlassenschaften der Betrunkenen auf.

Seneca, *Epistulae morales ad Lucilium* 47,5

Ein bisschen Maggi, ähhh – Garum

Garum, quasi der römische Salzersatz, war teurer als so mancher gute Wein. Die fermentierte Sauce wurde in heißen Gegenden des Römischen Reiches (Spanien, Nordafrika) hergestellt, aus den Innereien von Fischen. Man kann sich gut vorstellen, weshalb die Produktionsstätten weit außerhalb von Ortschaften lagen: Die Angelegenheit war wohl eher nichts für feine Näschen. Will man heute ein römisches Gericht nachkochen, empfiehlt sich ein Ersatz des Garum durch Colatura di Alici, so Robert Maier in seinem *Römischen Kochbuch*.

Plinius berichtet, wie man Garum auch außerhalb des Kochtopfes sinnvoll einsetzen kann (*Naturalis historia* 31,97):

> Et garo ambusta recentia sanantur, si quis infundat ac non nominet garum. Contra canum quoque morsus prodest maximeque crocodili et ulceribus … Oris quoque et aurium ulceribus aut doloribus mirifice prodest.

> Mit Garum können frische Verbrennungen geheilt werden, wenn einer es daraufgießt und dabei nicht »Garum« sagt. Auch bei Hundebissen hilft es, vor allem aber bei Bissen durch Krokodile, und bei Geschwüren … Auch bei Geschwüren oder Schmerzen in Mund und Ohren hilft es wunderbar.

Gegen Magenverstimmung empfiehlt er in Garum marinierte Schnecken (30,44), warnt aber im gleichen Atemzug vor anschließendem Mundgeruch.

Sprichwörter

Welches deutsche Sprichwort passt zu welchem lateinischen?

Ein Unglück kommt selten allein.

Die Hälfte der Tat besteht darin, angefangen zu haben.

Fortuna obesse nulli contenta est semel.
  Publilius Syrus,
  Sententiae F 18

Übung macht den Meister.

Einen Menschen lässt Armut Vieles versuchen.

E rivo flumina magna facis.
  Ovid, *Epistulae
  ex Ponto* 2,5,22

Hominem experiri multa paupertas iubet.
  Publilius Syrus,
  Sententiae H 8

Wie der Herr, so's G'scherr.

Gewiss, so wie der Herr, so auch der Sklave.

Aus demselben Mehl ist er.

Exercitatio artem parat.
Tacitus, *Germania* 24,1

Fortunam sibi quisque parat.
Plautus, *Trinummus* 363

aus demselben Holz geschnitzt sein

Sein Glück schafft sich jeder selbst.

aus einer Mücke einen Elefanten machen

Eiusdem est farinae.
Persius, *Saturae* 5,115

Not macht erfinderisch.

Übung macht Kunst.

Dimidium facti est coepisse.
Seneca, *Epistulae morales ad Lucilium* 34,3

Das Schicksal ist bei keinem damit zufrieden, ihm nur einmal zu schaden.

Plane qualis dominus, talis et servus.
Petron, *Satyrica* 58

Frisch begonnen ist halb gewonnen.

Jeder ist seines Glückes Schmied.

Aus einem Bach machst du riesige Flüsse.

Cicero

Qualem existimas, qui in adulterio deprehenditur? –
»Was ist das für ein Mensch, der sich in flagranti beim
Ehebruch ertappen lässt?«, fragte Pontidius in einer
Gerichtsverhandlung. Unter schallendem Gelächter der
Zuschauer beantwortete Cicero die Frage mit einem
einzigen Wort: Tardum! – »Ein langsamer!«

Cicero, *De oratore* 2,275

Idem (= Cicero) cum Lentulum generum suum, exiguae
naturae hominem, longo gladio adcinctum vidisset:
Quis, inquit, generum meum ad gladium alligavit?

Als Cicero seinen Schwiegersohn Lentulus, einen Mann
von kleinem Wuchs, mit einem langen Schwert begur-
tet sah, sagte er: Wer hat meinen Schwiegersohn an das
Schwert gebunden?

Macrobius, *Saturnalia* 2,3,3

Fabia Dolabellae dicente triginta se annos habere: »verum
est«, (Cicero) inquit, »nam hoc illam iam viginti annis audio.«

Als Fabia, die Frau Dolabellas, sagte, sie sei 30 Jahre alt,
sagte Cicero: »Das stimmt, ich höre sie das nämlich
schon seit 20 Jahren sagen.«

Quintilian, *Institutio oratoria* 6,3,73

Das schlimme Lehrerdasein

Quis ... ullo in pistrino asinus tantum mali pertulit, quantum mediocris paedagogus in uno atque altero docendo tum laboris exhaurit tum molestiae perpetitur?

Welcher Esel ... hat jemals in einer Stampfmühle so viel Übel ertragen, wie ein durchschnittlicher Pädagoge im Laufe des Unterrichts bald an Strapazen ausstehen, bald an Ärger erdulden muss?

Sic sunt pueri in genere, alii magis, alii minus ignavi.

So sind die Knaben im Allgemeinen, die einen mehr, die anderen weniger faul.

... quam variis contumeliis nos afficiant, ut suspendant naso, posticis sannis petant, si quid moneamus.

... auf wie verschiedene Arten und Weisen sie uns beleidigen, wie sie die Nase rümpfen, wie sie hinter unserem Rücken Grimassen schneiden, wenn wir sie zu irgendeiner Sache ermahnen.

Et eiusmodi mores domo ad praeceptores afferrunt, nihilo reverentius antea parentes tractaverunt, quam nunc magistros tractent.

Und derartig schlechtes Betragen gelangt von zu Hause zu den Lehrern. Ebenso wenig respektvoll, wie sie nun ihren Lehrern gegenübertreten, haben sie zuvor ihre Eltern behandelt.

Si doceas, peregrinatur animus pueri, et ut optime succedat, sescenties idem inculcandum est, dum illi invito haereat in animo.

Wenn man unterrichtet, schweift der Geist des Knaben ab, und im besten Fall muss dasselbe sechshundertmal eingetrichtert werden, so lange, bis es jenem gegen seinen Willen im Gedächtnis haften bleibt.

Quid est, si non haec est miseria, perpetuis curis ac labore in docendo frustra consumi et enecari?

Was ist dies anderes als Elend, beim Unterrichten von beständiger Sorge und Mühe verzehrt und zu Tode erschöpft zu werden, ohne einen Erfolg zu sehen?

Neque puerorum parentes pluris nos faciunt quam ipsi pueri. Non expendunt depositam a se liberorum curam nobis imposuisse. Tota enim regendi docendique pueri provincia nobis tradita est plena sollicitudinibus et periculorum. Ipsi domi suae secure suum negotium agunt. Et iam cum mercedulam dederint, ut exprobrant nobis suum beneficium? Si quid recte fecit filius, nihil laudis ascribitur praeceptori. Si quid peccavit, accusatur praeceptor.

Auch die Eltern der Jungen achten uns nicht mehr als die Jungen selbst. Sie machen sich nicht bewusst, dass sie die Sorge um ihre Kinder von sich abgelegt und uns aufgebürdet haben. Denn uns wurde die gesamte leidvolle und riskante Aufgabe übertragen, den Knaben zu erziehen und zu unterrichten. Die Eltern selbst gehen zu Hause unbekümmert ihren eigenen Beschäftigungen nach. Und wie reiben sie uns ihre eigene Wohltat unter die Nase, nachdem sie uns schon einen kümmerlichen Lohn gezahlt haben? Wenn ihr Sohn etwas richtig gemacht hat, erntet der Lehrer keinerlei Lob. Wenn er einen Fehler gemacht hat, wird es dem Lehrer zum Vorwurf gemacht.

Si quis cogatur docere camelum saltare aut asinum fidibus ludere, nonne illum egregie miserum dicas, qui frustra maximum laborem sumat? At id tolerabilius est quam nostros pueros docere.

Wäre jemand gezwungen, einem Kamel das Tanzen beizubringen oder einem Esel das Lyraspiel, würdest du jenen etwa nicht überaus bemitleidenswert nennen, da er vergeblich eine so ungeheuer große Mühe auf sich nimmt? Aber all das ist erträglicher, als unsere Jungen zu unterrichten.

Qui cum summos labores obeamus, in summa tamen inopia vitam aegre traducimus et interim nullo non contumeliae genere afficimur a discipulis, ab illorum parentibus, denique ab his, de quibus praeclare meremur.

Obwohl wir größte Strapazen auf uns nehmen, bringen wir unser Leben dennoch kummervoll in tiefster Armut zu, und bei alledem wird uns jede erdenkliche Form von Respektlosigkeit entgegengebracht, von den Schülern, von ihren Eltern und zuletzt von denen, um die wir uns außerordentlich verdient machen.

Aus: Melanchthon, *De miseriis paedagogorum*

Harrius Potter – Wogegen sollen diese Sprüche helfen?

Oculus Reparo!

Arania Exumai!

Expecto Patronum!

Soll Spinnen abwehren.

Soll besonders grausame Ungeheuer abwehren.

Densaugeo!

Soll eine Lichtquelle erzeugen.

Lumos Maxima!

Das Gegenüber soll dadurch entstellt werden, dass die Schneidezähne unaufhörlich wachsen.

Soll eine kaputte Brille wieder heil machen.

Die s... die s... die ssserviiiii!

Man schätzt, so J. C. McKeown in seinem Buch *A Cabinet of Roman Curiosities* (Oxford 2010), dass Ende des 1. Jahrhunderts 90% der freien Bevölkerung Italiens Vorfahren hatten, unter denen sich Sklaven befanden! Ähnliches klingt auch bei Seneca an (*De clementia* 24):

> Dicta est aliquando a senatu sententia, ut servos a liberis cultus distingueret; deinde apparuit, quantum periculum immineret, si servi nostri numerare nos coepissent.

> Im Senat kam einmal zur Sprache, dass die Kleidung der Sklaven sich von der der Freien unterscheiden solle; dann wurde klar, welch große Gefahr drohte, wenn unsere Sklaven erst angefangen hätten, uns zu zählen!

Die Kehrwoche – schwäbische Spezialität von den Römern erfunden?

(Curatores urbium) curam agant, parietes privati quaeve alia circa domus viam attingunt vitiosa ne sint, ut domini aedium sic, ut oportet, eas … reficiant …

Item curam agant, ne quis in viis fodiat neve eas obruat neve quicquam in viis aedificet … Vias autem publicas unumquemque iuxta domum suam reficere oportet … ita, ut vehiculum recte ibi iter facere possit …

Item curam agant, ne quid ante officinas proiectum sit: praeterquam si fullo vestimenta siccet vel faber rotas foris ponat: ponunto autem hi quoque sic, ut vehiculum iter facere possit.

(Mitarbeiter der Stadtverwaltung) sollen Sorge tragen, dass die Wände von Privathäusern und das, was die Straße um ein Haus sonst noch anbelangt, in gutem Zustand sind, dass die Besitzer der Häuser diese so instand halten, wie es sich gehört …

Außerdem sollen sie dafür Sorge tragen, dass niemand die Straßen aufgräbt oder etwas daraufhäuft oder etwas auf ihnen baut … Von den öffentlichen Straßen aber muss jeder die instand halten, die direkt bei seinem Haus verlaufen, … und zwar so, dass ein Wagen gut hindurchkommt.

Außerdem sollen sie dafür Sorge tragen, dass vor Werkstätten nichts abgestellt wird: Ein Tuchwalker darf Kleidung trocknen, ein Handwerker darf Wagen draußen abstellen, aber sie sollen es so tun, dass ein Wagen hindurchfahren kann.

Justinian, *Digestae* 43,10,1–5

Nuntii Latini

Latein lebt – sogar in Finnland. Seit 1989 sendet der finnische Radiosender Yleisradio freitags um 18:15 Uhr lateinische Nachrichten. Hier der Link zum Podcast: http://areena.yle.fi/1-1931339

31. März 2017: Discessus Britanniae

Theresa May, princeps ministra Britanniae, Londinii litteris subscripsit, quibus Britanniam a societate Unionis Europaeae discessuram esse nuntiatur. Quod documentum Bruxellas delatum est, ubi Donald Tusk, praeses Consilii Europaei id officialiter recepit. Saltem biennii tempore opus esse aestimatur, antequam omnes res ad discedendum pertinentes expeditae erunt.

13. Juli 2014: Grex Germanorum victor

Die tertio decimo mensis Iulii in stadio urbis capitis Brasiliae inter Argentinam et Germaniam certatum est, utra earum principatum mundi pedifollicum consequeretur. Victoriam reportavit grex nationalis Germaniae, postquam lusori Mario Götze tempore additicio contigit, ut follem in rete adversariorum impingeret. Argentini autem, quamquam hoc certamine inferiores discesserunt, Hollandiensibus tertium locum consecutis meliores erant.

Rush Hour in Rom

Die Römer teilten die Zeit von Sonnenaufgang bis Sonnenuntergang in 12 Stunden – eine Sommerstunde war also länger als eine Winterstunde. Der britische Althistoriker Ray Laurence schätzt, dass es zu diesen Zeiten in Rom besonders rege zuging:

Sonnenaufgang/ -untergang

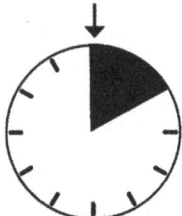

Salutatio
(Zeremonie am Kaiserhof)

Gerichte

Finanzgeschäft

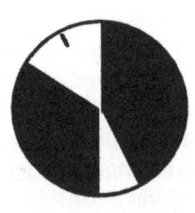

Läden

Arbeit der Tagelöhner

Bäder

Mittagspause

Spiele

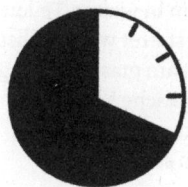

Fast-food-Restaurants

Abendessen

Sch... Rom

Die Mehrzahl der Römer lebte in schäbigen Verhältnissen und auf engem Raum, in mehrstöckigen *insulae*, Mietshäusern. In einem Katalog der Gebäude und Grundstücke Roms aus dem frühen 4. Jahrhundert (*notitia regionum*) sind über 45 000 *insulae* und nicht einmal 1800 freistehende Häuser verzeichnet – dazu fast 150 öffentliche Latrinen. In Pompeji und Herculaneum konnte man übrigens in fast allen Privathäusern Toiletten nachweisen, oft im Küchenbereich oder unter Treppen; ob man auf dem Örtchen hinter sich auch eine Tür schließen konnte, ist ungewiss.

Juvenal zu diesem Thema (Auszüge aus der 3. Satire)

In Rom kostet eine schäbige Wohnung viel Geld, viel Geld kostet es, Sklaven den Bauch zu füllen, und selbst eine bescheidene Mahlzeit kostet viel Geld. Man schämt sich, von irdenem Geschirr zu speisen; dies wäre aber keine Schande, würde man plötzlich unter die Marser oder an den Sabinertisch versetzt: dort wäre man mit einer groben, blauen Filzkapuze zufrieden.

Allerdings muss ich zugeben, dass man in weiten Teilen Italiens die Toga nur trägt, wenn man bestattet wird. Selbst wenn man erhabene Festtage im Theater am grasigen Hang begeht ..., selbst dann wirst du dort die gleiche Kleidung erblicken bei denen, die auf den vordersten Plätzen sitzen, wie beim gewöhnlichen Volk, wobei sich selbst die höchsten Beamten mit einer weißen Tunika begnügen. Hier in Rom aber übersteigt die Kleiderpracht die Mittel; hier muss man manchmal, öfter als zuträglich wäre, bei anderen Geld aufnehmen. Dieses Gebrechen haben wir alle gemeinsam: Hier leben wir alle in anspruchsvoller Armut. Kurz und gut: In Rom hat alles seinen Preis. …

Kein Mensch fürchtet jemals Hauseinsturz im kühlen Praeneste oder in Volsinii auf seinen Waldeshängen noch im bescheidenen Gabii oder in Tibur, hoch über dem Abhang. Wir aber wohnen in einer Stadt, die zum großen Teil auf schwachen Stützbalken ruht, denn so hemmt der Hausverwalter den Zusammenbruch, und wenn er alte, klaffende Risse ausgebessert hat, heißt er uns ruhig schlafen, während beständig Einsturz droht. Dort sollte man wohnen, wo es keine Brände gibt, wo man sich nachts nicht fürchten muss. Schon ruft Ucalegon nach Wasser, schon schleppt er sein bisschen Kram heraus, im dritten Stockwerk qualmt's schon, du aber weißt es nicht. Denn wenn am Fuß der Treppe das Durcheinander beginnt, wird als Letzter der Feuer fangen, den nur die Dachziegel vor dem Regen schützen, dort, wo die sanften Tauben ihre Eier legen. Codrus hatte ein Bett (kürzer als selbst Procula), sechs Krüglein als Zierde seiner Kredenz, darunter auch einen Humpen von mäßiger Größe, und ein liegender Chiron stützte die Marmorplatte; auch barg eine alte Kiste griechische Büchlein, und ungebildete Mäuse benagten die göttlichen Gedichte. Nichts besaß Codrus, das ist nicht zu bestreiten, aber der Unglückliche verlor trotzdem sein ganzes Nichts. Der Gipfel seines Unglücks ist aber, dass ihm, der nackt und bloß um Hilfe bittet, niemand zu essen geben, niemand ihm durch Gewährung von Obdach helfen wird. Ja, wenn dem Asturicus sein großes Haus einstürzt, dann laufen die vornehmen Damen unfrisiert herum, dann tragen die Adligen Trauerkleidung, dann vertagt der Praetor die Verhandlung. Die Unglücksfälle der Großstadt beklagen wir dann und verfluchen das Feuer. ...

Kannst du dich von den Zirkuskämpfen losreißen, so kannst du dir in Sora, Fabrateria oder Frusino prächtig ein ganzes Haus kaufen für den Betrag, den du jetzt als Jahresmiete für ein dunkles Loch bezahlst. Da hast du dein Gärtchen, einen Brunnen, der nicht so tief ist, dass du ein Seil brauchst, sondern aus dem du mit Leichtigkeit schöpfen und deine jungen Schösslinge bewässern kannst. Verliebe dich in deine Hacke und lebe so als Vogt eines gepflegten Gemüsegartens ... Es ist schon etwas, wenn man irgendwo, und sei es noch so abgelegen, der Herr einer einzigen Eidechse geworden ist.

Hier sterben viele, weil Schlaflosigkeit sie krank gemacht hat; denn in welcher Mietwohnung kann man schlafen? Sehr reich muss man sein, um in Rom schlafen zu können. Das ist die Hauptursache des Übels: Wagen biegen in scharfer Wendung um die Straßenecken, die Treiber schimpfen laut, wenn ihre Herde nicht weiter kann – all das würde einem Drusus oder einem Meerkalb den Schlaf nehmen.

Wenn ein Reicher einen Besuch abstatten will, so macht ihm die Menge Platz: Schnell wird er auf den Schultern riesengroßer Liburner dahergetragen, und im Innern seiner Sänfte kann er unterwegs lesen, schreiben oder schlafen, denn wenn man das Fenster der Sänfte schließt, so regt dies zum Schlafen an. Trotzdem wird er vor uns ankommen, denn sosehr wir uns auch beeilen, so steht uns doch eine Menschenmenge im Wege, während ein dichter Haufen uns von hinten drängt; einer stößt mich mit dem Ellenbogen, ein anderer mit einer harten Latte; mit einem Balken haut mir an den Schädel der eine, mit einem Ölfass ein anderer. Mit Schlamm beschmutzt sind meine Beine, bald bekomme ich Fußtritte von allen Seiten, und der Nagel eines Soldatenstiefels bleibt mir in der Zehe stecken.

Und sieh nur, mit wie viel Rauch die Überreichung des Essens zum Mitnehmen vor sich geht. Da sind hundert »Gäste«, deren jeder seinen Wärmeapparat hinter sich hertragen lässt. Selbst ein Corbulo könnte kaum so viele große Gefäße tragen, so viel Zubehör, das der arme Sklave auf dem Kopf balancieren muss, wobei er im Laufschritt das Feuer anfacht. Man zerreißt sich die gerade geflickte Tunika; auf dem Karren, der dir entgegenkommt, schwankt gefährlich ein langer Fichtenstamm, auf einem anderen Wagen führt man Pinienholz, das hochgetürmt bebt und die Passanten bedroht. Wenn nämlich ein mit ligurischen Marmorblöcken beladener Karren umkippt und seine Ladung auf die dichte Menschenmenge ergießt, was bleibt da noch vom Körper übrig? Wer könnte die Glieder, die Gebeine heraussuchen? Völlig zerquetscht verschwindet die Leiche wie die verhauchte Seele. …

Betrachte jetzt noch andere, verschiedenartige Gefahren der Nacht: Wie hoch die Häuser sind, von denen dir ein Dachziegel auf den Schädel fällt, wie oft man leckes oder gesprungenes Gefäß aus dem Fenster wirft, mit welcher Wucht sie auf dem Pflaster ihre Spuren hinterlassen oder es zerbrechen. Für leichtsinnig magst du gelten oder als einer, der sich vor plötzlichem Unfall nicht vorsehen will, wenn du zum Diner ausgehst, ohne dein Testament gemacht zu haben. So viele Gefahren bedrohen dich, wie beleuchtete Fenster offenstehen, unter denen du vorbeigehst. Begnüge dich also mit der kläglichen Hoffnung, dass man wenigstens nur den Inhalt flacher Becken auf dich ausleert.

Hat ein betrunkener und mutwilliger junger Mann einmal keinen zu Boden geschlagen, so muss er's büßen: Die ganze Nacht ergeht es ihm wie dem Peliden, der um seinen Freund trauerte. Bald liegt er auf dem Bauch, bald auf dem Rücken, kurz, er kann auf keine andere Weise einschlafen: Manche brauchen eine Prügelei, um schlafen zu können. So frech der Halbstarke aber auch ist, und sei er noch so erhitzt vom Suff, er wird sich wohl hüten, den anzugreifen, dessen Scharlachüberwurf und eine große Menge von Begleitern sowie viele Fackeln und Bronzekandelaber zeigen, dass man ihm besser aus dem Weg geht. Vor mir aber, dem nur der Mond heimleuchtet oder eine kleine Talgkerze, deren Docht ich selber sparsam ordne, hat er keinen Respekt. … Erst schlagen sie dich, dann stellen sie sich zornig und verlangen sogar Bürgschaft. Des Armen Freiheit besteht darin: Wenn man ihn schlägt, bittet er, wenn man ihn mit den Fäusten bearbeitet, fleht er demütig, man möge ihn wenigstens noch mit einigen Zähnen laufen lassen.

Aber dies ist nicht die einzige Gefahr, vor der du dich fürchten musst. Denn der Räuber stellt sich ein, wenn alle Häuser verschlossen, alle Läden, mit Ketten gesichert, schweigen. Manchmal treibt auch der bewaffnete Straßenräuber sein Handwerk, besonders wenn die Pomptinischen Sümpfe und der Fichtenwald von Gallinaria durch Soldaten abgesichert werden: Dann kommt das ganze Pack hierher gerannt, als wär's ein Tierschutzbezirk. …

Cantate Latine

Die Affen rasen durch den Wald

Trans silvam simiae properant
et aliae alias trucidant.
Ad unam omnes mugiunt:
»Quis clepsit nuculam,
quis clepsit nuculam,
quis clepsit coci nuculam?«

Hanc dux simiarum sedulo
captare vult in fluvio.

Arbusculas radicitus
simiarum vellit patruus.

Et amita, quae advenit,
nucellam bonam appetit.

Exspectat lactis avidus
lac nuceum simiolus.

Vociferat aedilis: »Vae,
haec nux est rei publicae!«

Nunc nucem simiae filius
in suis habet manibus.

Et avia gaudens: »Mea lux
mihi relatast, coci nux!«

»Ne clepas nucem!« lepida
nos docet illa fabula,
ne omnes simiae mugiant:
»Quis clepsit …«

Ein kleiner Sprachführer

Salve bzw. Salvete! – Hallo!

Salve et tu! – Grüß dich! (als Antwort)

Ut vales? – Wie geht's dir?

Male est mihi. – Mir geht es mies.

Quid agis? – Was treibst du?

Loquerisne lingua Latina? –
Sprichst du Lateinisch?

Nescio quid dicas. –
Keine Ahnung, was du da laberst.

Tune corpus amisisti? –
Hast du abgenommen?

Tibi sunt oculi pulchri. –
Du hast schöne Augen.

Noli me tangere! –
Fass mich nicht an!

Visne mulsum bibamus? –
Wollen wir ein Weinchen trinken gehen?

Qui est numerus tuus? –
Wie ist deine Telefonnummer?

Ubi est amphitheatrum, quaeso? –
Wo finde ich das Amphitheater, bitte?

Suntne balnea in ea vicinia? –
Gibt es hier in der Nähe ein Bad?

Quantum Roma abest Monacho? –
Wie weit ist es von Rom nach München?

Non spolia me si placet. –
Raub mich bitte nicht aus.

Vappa! – Nichtsnutz!

Verbero! – Schlingel!

Scurra! – Quatschkopf!

Blatero! – Dummschwätzer!

Moecha! – Schlampe!

Sectores collorum! – Halsabschneider!

Schon die Römer wussten

Memoria minuitur, nisi eam exerceas.
Das Gedächtnis lässt nach, wenn du es nicht übst.

Cicero, *De senectute* 21

Plenus venter non studet libenter.
Ein voller Bauch studiert nicht gern.

Quelle unklar

Post coenam stabis aut passus mille meabis.
Nach dem Essen sollst du ruh'n oder tausend Schritte tun.

Regimen sanitatis Salerni 1,212 De Renzi

Prospera omnes sibi vindicant, adversa uni imputantur.
Erfolge beanspruchen alle für sich, Misserfolge werden
einem Einzelnen zugeschrieben.

Tacitus, *Agricola* 27,1

Quot homines, tot sententiae.
Es gibt so viele Meinungen, wie es Menschen gibt.

Cicero, *De finibus* 1,15

Maiorque videtur et melior vicina seges.
Größer scheint des Nachbarn Feld und besser.

Juvenal, *Saturae* 14,142 f.

Eine Frage
der Aussprache

Tu cana ille gens te minima.

Du Kanaille kennste mi nimmer?

Ore stabit fortis arare placet ore stat.

O rest a bit for 'tis a rare place to rest at.
(O verweile ein bisschen, denn dies ist ein seltener Platz zum Verweilen.)

Inschrift auf zwei Sitzbänken in Oxfordshire

Caesarem legato alacrem et aurum.

César aime les gâteaux à la crème et au rhum.
(Caesar liebt Sahne- und Rumtorten.)

Unser täglich Latein

Hokuspokus

Andächtige Stille, unterbrochen nur vom kurzen, hellen Geläut von Glöckchen, und feierliche Worte in einem unverständlichen Idiom – das alles verdichtet sich zu einer mystischen Atmosphäre, in der sich Wundersames, an Zauberei Grenzendes zu vollziehen scheint. Möglicherweise war das den allermeisten Kirchgängern im Mittelalter fremde Latein der Ursprung des »Hokuspokus«. Genauer gesagt, die lateinische Messformel: *hoc est (enim) corpus (meum)*, »dies ist mein Leib«, die, zu »Hokuspokus« verkürzt, zur allgemeinen Zauberformel degenerierte. Die Rache des Volkes an der Herrschaftssprache Latein? Zumindest ist das als eine von mehreren Deutungen möglich – und beileibe kein sprachgeschichtlicher Hokuspokus.

Kaiserschnitt

Mit Caesar hat der Kaiserschnitt nur sehr indirekt zu tun. Die römischen *cognomina* (›Beinamen‹) Caesar und Caeso leiten sich zwar von *caedere* ›aufschneiden‹ ab, ob sie aber darauf zurückgehen, dass der jeweils erste Namensträger aus dem Leib seiner Mutter geschnitten worden war, wie der ältere Plinius überliefert (*Naturalis historia* 7,47), ist doch sehr fraglich. In der Medizin aber sprach man von der *sectio caesarea*, der ›Schnittentbindung‹. Der »Kaiser« des

Schnitts hat also nichts Kaiserliches an sich, sondern ist dem Adjektiv zu *caedere* (*caesareus*) entlehnt – sprachlich ein reichlich tautologischer Eingriff. Um nicht zu sagen: Einschnitt.

Kumpel

Die enge Verbindung von »Kumpeln« und »Kumpanen« (wie auch von französischlastigen »Kompagnons«) zueinander ergibt sich aus der Tatsache, dass sie ursprünglich ›das Brot miteinander‹ aßen. Ein spätlateinischer *companio* weist den Weg: *com/cum* heißt ›mit‹, ›gemeinsam‹, *panis* ist das ›Brot‹. Deutsche Kumpel essen seit dem 16. Jahrhundert miteinander Brot.

Spicken

Die Sprachwissenschaft schließt nicht aus, dass selbst das in Schülerkreisen so beliebte »Spicken« lateinischen Ursprungs ist. Sicher lässt sich das allerdings nicht beweisen, aber eine Entlehnung von *specere* ›sehen‹, ›spähen‹ kommt durchaus infrage. Das »i« als Ersatz des »e« irritiert dabei kaum, denn meist verbindet sich *specere* eh mit einem Präfix und wird dann zu -*spicere*. Das Abschreiben wäre so gesehen eine Art In-Spektion, ein ›Hineinblicken‹ in ein fremdes Heft, das zwar nicht unbedingt Re-Spekt verdient, aber auch nicht als De-Spektierlichkeit gegenüber der Aufsicht führenden Lehrkraft zu werten wäre. Zumal angesichts mancher Verzweiflungsattacke, die den Klausurschreiber zu überkommen pflegt – ein A-Spekt, der oft unbeachtet bleibt. Vielleicht sogar eine neue Per-Spek-tive?

Sport

»Sport« zählt sicher zu den ›erfolgreichsten‹ Fremdwörtern. Obwohl es erst im 19. Jahrhundert aus dem Englischen ins Deutsche gelangt ist, wirkt es völlig integriert und klingt kein bisschen fremd. Hinter dem älteren französischen *desport* und englischen *disport* kommt, schaut man etwas genauer hin, lateinisches *deportare* zum Vorschein, ur-sprünglich ›wegtragen‹, ›fortschaffen‹. Im Mittellateini-schen erfolgt die entscheidende Bedeutungserweiterung zu ›(sich) unterhalten‹, ›(sich) vergnügen‹. Und so kam der »Sport« als lateinstämmiges ›Vergnügen‹ in die Welt.

Karl-Wilhelm Weeber

Ballade

Iohannes Lupimpetus Goethius
De tirone artes magicas tractandi etiam
imperito carmen epicolyricum

Abiit meus magister
doctor vetus magicus.
Cuius ego nunc minister
praeero Daemonibus.
Magicae peritus
artis, carminum
dicendorum scitus
atque gnarus sum.

    I, i, i, i,
    i aquatum,
    ut allatum
    liquidum
    profundatur magna vi
    maximum in solium.

Everriculum, huc veni
veste vetere ornatum
(diu servus eras seni)
et fac tibi imperatum!
Capite instructum
sis et pedibus,
aquam i adductum
vento citius.

I, i, i, i,
i aquatum,
ut allatum
liquidum
profundatur magna vi
maximum in solium.

Propere ad ripam currit.
Advenit ad fluvium.
Vento citius aquam haurit
ad implendum balneum.
Quod impletur lente.
Omnis situla
plenast influente
aqua frigida.

Siste, scopa!
Labrum lotum
plenum aqua
nunc est totum.
Siste, popa!
Carmen mihi est ignotum.

Quid est verbum exsecrandum,
quo dicendo iterum
fit e scopa ista fandum,
rectum everriculum?
Plura aqua plena
vasa propere
affert. Fontis vena
irruit in me.

Nunc excedit
modum! Rapiam
scopam, capiam
istam dolo.
Hoc angorem mi iniecit.
Fluctibus hauriri nolo!

O te scopam monstruosam!
Fluctu nos submergi vis?
Ubique aquam undosam
cerno in cubiculis.
O te sceleratam!
Fac in lignum te
vertas, te mutatam
gere placide!

Satis aquae attulisti!
Te nunc rapiam.
Te nunc capiam.
Quae in monstrum te vertisti
ascia caedam rusticam.

Iterum daemon nefandus
aquam affert propere.
Haud cunctanter trucidandus
asciae est acie.
Aspice en eum
scissum optime!
Iterum cor meum
spirat libere.

Di meliora!
Scopae scissae
partes fissae
sunt, vae mihi!,
popae factae sine mora.
Opem mihi ferte, dii!

Iterum currunt aquatum.
Stagnat domus. Auxiliare,
o te fluctum exsecratum!,
mihi, mi magister care!
Eccum, quem vocavi!
Dic: auxilio quos
daemones clamavi,
ut absolvam hos?

Abeatis
et fiatis
quod eratis!
Nam est meum
Daemones eliciendi
solum ius – pro fidem deum.

Ovid

Rogatus aliquando ab amicis suis, ut tolleret tres versus, invicem petit, ut ipse tres exciperet, in quos nihil illis liceret. Aequa lex visa est: scripserunt illi quos tolli vellent secreto, hic quos tutos esse vellet. In utrisque codicillis idem versus erant.

Als er einmal von seinen Freunden gebeten wurde, drei Verse zu tilgen, erbat er im Gegenzug, drei Verse ausnehmen zu dürfen, gegen die sie also nichts machen konnten. Die Vereinbarung schien gerecht: Jene schrieben also verdeckt die Verse auf, die sie löschen wollten, dieser die, die er bewahren wollte. Auf beiden Schreibtäfelchen standen dieselben Verse.

Seneca der Ältere, *Controversiae* 2,2,12

In senatu flentem vidimus Fidum Cornelium, Nasonis Ovidi generum, cum illum Corbulo struthocamelum depilatum dixisset; adversus alia maledicta mores et vitam convulnerantia frontis illi firmitas constitit, adversus hoc tam absurdum lacrimae prociderunt: tanta animorum inbecillitas est, ubi ratio discessit.

Im Senat haben wir Fidus Cornelius, den Schwiegersohn Ovids, weinen sehen, als ihn Corbulo einen gerupften Straußenvogel genannt hatte; gegenüber anderen Beschimpfungen, die seinen Charakter und seinen Lebenswandel betrafen, verzog er nicht einmal das Gesicht, bei dieser Absurdität fielen die Tränen: so groß ist die seelische Schwäche, wo die Vernunft fehlt.

Seneca, *De constantia sapientis* 17,1

Ovids Schmähgedicht *Ibis*: die 5 heftigsten Verfluchungen

1. Man möge dir die Glieder abschneiden und in alle Winde verstreuen!
2. Eine Biene soll dir ins Auge stechen!
3. Man soll dich doch in einem Mörser zerstampfen!
4. Du sollst mit zitterndem Mund um karge Speise betteln!
5. Geier sollen dir die Eingeweide ausrupfen!

Ovids 5 raffinierteste Liebestipps für Männer

1. Wenn du sie begrapschen willst, dann tu es immerhin dezent.
2. Versprich ihr das Blaue vom Himmel. Aber schenk ihr nicht zu viel.
3. Stutz dein Nasenhaar (aber rasier dich nicht überall) und vermeide Mundgeruch.
4. Setz auf die Erfahrung älterer Frauen.
5. Nimm dir Zeit beim Liebesspiel.

Wichtig! Mach ihr Komplimente!

1. Wenn sie schielt, dann sag ihr, sie sei »venusgleich«.
2. Ist sie dick, nenn sie »üppig«.
3. Ist sie hager, nenn sie »grazil«.
4. Ist sie klein, dann lob sie als »handlich«.
5. Hat sie graue Augen, dann vergleich sie mit der Göttin Minerva.

Ovids 5 raffinierteste Liebestipps für Frauen

1. Bist du sehr klein, dann erwarte deinen Liebhaber im Bett liegend, die Füße unter der Decke versteckt.
2. Achte auf deine Tischmanieren.
3. Lass dich von ihm – vorgetäuscht – in flagranti erwischen, um ihn eifersüchtig zu machen.
4. Rasier die Achsel- und Beinhaare. Keine zusammengewachsenen Augenbrauen!
5. Hast du mal keine Lust, dann täusch sie vor.

5 Tipps Ovids gegen Liebeskummer

1. Geh auf Reisen.
2. Beschäftige dich.
3. Red dir ein, dass sie/er dir nicht guttut.
4. Stell den/die Ex öffentlich bloß.
5. Verlieb dich neu.

Kurios

L. Veratius fuit egregie homo inprobus atque inmani vecordia. Is pro delectamento habebat os hominis liberi manus suae palma verberare. Eum servus sequebatur ferens crumenam plenam assium; ut quemque depalmaverat, numerari statim secundum *duodecim tabulas* quinque et viginti asses iubebat.

L. Veratius war ein ganz und gar unmöglicher und völlig verrückter Mensch. Er machte es sich zum Vergnügen, freie römische Bürger mit der flachen Hand zu ohrfeigen. Hinter ihm ging immer ein Sklave mit einem Beutel voller Asse; sobald er jemanden geohrfeigt hatte, pflegte er den anzuweisen, nach dem *Zwölftafelgesetz* sofort die 25 Asse auszuzahlen. [Nach dem Zwölftafelgesetz betrug die Strafe für Körperverletzung 25 Asse.]

Gellius, *Noctes Atticae* 20,1,13

Praeparant hiemi et irenacei cibos; ac volutati supra iacentia poma adfixa spinis, unum amplius tenentes ore, portant in cavas arbores.

Auch Igel sammeln Nahrung für den Winter: Sie wälzen sich über am Boden liegende Äpfel, spießen sie mit ihren Stacheln auf, nehmen einen weiteren in den Mund und tragen sie in hohle Bäume.

Plinius, *Naturalis historia* 8,133

Von Kopfschmerzen bis Haarausfall – auch die alten Römer blieben davor nicht verschont

Die *Medicina Plinii*, ein medizinisches Handbuch aus dem 3. Jahrhundert, empfiehlt:

> Capitis dolor levatur si de porri sectivi suco cochlearia duo et unum mellis permixta infundantur vel in nares vel in auriculas.

> Kopfschmerz wird gemildert, wenn man 2 Esslöffel Schnittlauchsaft und 1 Esslöffel Honig vermischt und in die Nasenlöcher oder Ohren eingießt.

> Alopeciae magnam foeditatem afferunt et propter hoc servorum pretia diminuuntur. Itaque necessarium est eas … emendare. Quae celerrime complentur pellium viperarum cinere sparso. Nasturcium cum sinape tritum impositum emendat. … Gallinacei recens fimus inlinitur. Sandaraca ex aceto. Fluentem capillum continet leporis cinis cum oleo myrteo. Fel taurinum cum Aegyptio alumine tepefactum inlinitur.

Haarausfall bringt eine unangenehme Entstellung mit sich und vermindert deswegen die Preise für die Sklaven; deshalb ist es notwendig, hier Besserung zu bringen. Das vollbringt man sehr schnell, wenn man Asche von abgeworfener Vipernhaut aufstreut. Auch mit Senf verriebene Gartenkresse wird daraufgelegt und schafft Abhilfe. … Frischen Hühnerkot streicht man darauf, auch Sandarak in Essig. Hasenasche in Myrtenöl hemmt den Haarausfall. Man reibt Stiergalle ein, die mit ägyptischem Alaun lauwarm gemacht ist.

Si ferventia os intus exusserint, continuo sanatur gargarizatione lactis canini.

Wenn man sich mit heißen Speisen oder Getränken innen den Mund verbrannt hat, heilt ein sofort durchgeführtes Gurgeln mit Hundemilch.

Acetum si in ore contineatur gingivas stringit et dentes continet. … Inviolati praestantur dentes si quis cottidie mane ieiunus sub lingua habeat granum salis donec liquescat.

Wenn man Essig im Mund behält, zieht dies das Zahnfleisch zusammen und lässt die Zähne fest bleiben. … Man erhält sich die Zähne gesund, wenn man täglich morgens nüchtern ein Salzkorn unter der Zunge behält, bis es sich auflöst.

Oris saporem commendari affirmant, murino cinere cum melle si fricentur dentes. Admiscent quidam tamaricae maritimae radices. Mero ante somnos colluere ora propter halitus, frigida matutinis utile dicitur.

Einen angenehmen Mundgeruch verschafft es, wie man versichert, wenn man die Zähne mit Mäuseasche und Honig einreibt. Manche geben auch noch Wurzeln der am Meer wachsenden Tamariske dazu. Man sagt, es sei wegen des Atems nützlich, vor dem Schlafengehen den Mund mit unvermischtem Wein, am Morgen mit kaltem Wasser zu spülen.

Folia porri sectivi trita imposita tollunt varos. Farina ervi ex aqua imposita sanat et toto corpore maculas emendat. Oleum amigdalinum ex melle inlinitur.

Wenn man zerriebene Schnittlauchblätter aufträgt, beseitigt das die Pickel. Wickenmehl, in Wasser aufgelegt, heilt und bringt bei Flecken am ganzen Körper Besserung. Man streicht Mandelöl in Honig auf.

Medicina Plinii 1,1,1; 1,4; 1,12,3; 1,13,2.10; 1,12,1; 3,28,1

Und wenn all das nicht mehr hilft:

ABRACADABRA
ABRACADABR
ABRACADAB
ABRACADA
ABRACAD
ABRACA
ABRAC
ABRA
ABR
AB
A

Abracadabra taucht zum ersten Mal im *Liber medicinalis* auf (Autor und Zeit unsicher, vielleicht Zeit des Septimius Severus oder Gordians I.). Zur Heilung von Fieber wird empfohlen, das Wort – wie oben – auf ein Stück Papyrus zu schreiben, dieses zusammenzurollen und als Amulett um den Hals zu tragen.

Gegen Viertagefieber führt Plinius in seiner *Naturgeschichte* eine lange Liste von »Material« auf, das man sich nach Meinung der Magier umbinden solle (*Naturalis historia* 30,98–104), darunter – neben allerlei Bestandteilen von Tieren – auch:

> Pulverem, in quo se accipiter volutaverit, lino rutilo in linteolo.

> Den Staub, in dem sich ein Habicht gewälzt hat, (binden die Magier) in einem Leinentuch mit rotem Faden um.

Oder auch:

> ... canis nigri dentem longissimum.

> ... den längsten Zahn eines schwarzen Hundes.

Sollte der Patient danach tatsächlich gesund gewesen sein, dann wahrscheinlich eher durch den reinen Zeitablauf beim aufwendigen Besorgen der Mittel.

Spiele

Venari, lavari,
ludere, ridere,
occ (= hoc) est vivere!

Jagen, baden,
spielen, lachen,
das heißt leben!

auf einer Treppenstufe in Timgad

Natürlich hatten die Römer noch keine Xbox, aber in heutigen Kinderzimmern oder auf Schulhöfen findet man vieles, was sie auch schon kannten:

Bälle stellten sie aus Leder oder Stoff her, Würfel aus Holz, Stein oder Knochen, Spielbretter malten sie mit Kreide direkt auf den Boden oder auf Leder oder Holz. Auch Jojos waren mit Holz und Schnur leicht herzustellen.

Neben Würfeln nutzten sie entweder Nüsse oder die Sprunggelenksknochen von Schafen, Ziegen, Rehen oder Hirschen: Die beim Schlachten übrigen Knöchelchen mussten gekocht werden, bis sich die anhaftenden Knorpel und Fleischreste von selbst lösten.

»Spielbretter« finden sich eingeritzt in Stein an vielen antiken Stätten. In Rom z. B. in den Stufen der Basilica Iulia auf dem Forum Romanum.

Spiel 1: »Delta«: Ein Dreieck auf den Boden malen und in mehrere Felder unterteilen – je kleiner das Feld, desto höher die Punktzahl. Jeder Spieler wirft ein Knöchelchen oder Steinchen und versucht, das kleinste Feld in der Spitze des Dreiecks zu treffen.

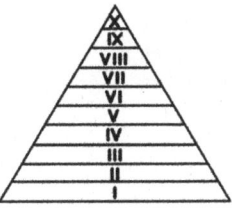

Spiel 2: »Ludus tabulae obliquae«: Ein Brett wird schräg an die Wand gestellt. Jeder Spieler erhält gleich viele Nüsse. Nacheinander lassen die Spieler die Nüsse die Schräge hinunterkullern. Trifft ein Spieler eine bereits liegende Nuss, darf er sie einsammeln. Gewinner ist am Ende der, der als Einziger noch Nüsse hat.

Spiel 3: »Tris«: Ein Spielfeld aus dreimal drei quadratischen Feldern wird gezeichnet. Die zwei Spieler setzen ihre Steine abwechselnd. Es gewinnt der, dem es gelingt, drei Steine horizontal, vertikal oder diagonal in eine Reihe zu setzen.

Cantate Latine

What Shall We Do With the Drunken Sailor?

Quidnam de nauta ebrio fiat,
quidnam de nauta ebrio fiat,
quidnam de nauta ebrio fiat
hora matutina?
Salum albescit, euge!
Salum albescit, euge!
Salum albescit, euge,
hora matutina.

Crapulam primum edormiscat …

Frigida asinum rigemus …

Martial

Der Tausendsassa

Declamas belle, causas agis, Attice, belle,
  historias bellas, carmina bella facis,
componis belle mimos, epigrammata belle,
  bellus grammaticus, bellus es astrologus,
et belle cantas et saltas, Attice, belle,
  bellus es arte lyrae, bellus es arte pilae.
nil bene cum facias, facias tamen omnia belle,
  vis dicam quid sis? magnus es ardalio. (2,7)

Du deklamierst schön, Prozesse führst du, Atticus, schön, /
schöne Geschichten, schöne Gedichte machst du, /
verfasst schön Mimen, Epigramme schön, / schön als
Philologe, schön bist du als Astrologe / und schön singst
du und du tanzt, Atticus, schön, / schön bist du in der
Lyrakunst, schön bist du in der Ballkunst. / Obgleich du
nichts gut machst, aber alles schön machst, / willst du,
dass ich dir sage, was du bist? Du bist ein großer Dilettant.

Eingeschränktes Monopol

Praedia solus habes et solus, Candide, nummos,
  aurea solus habes, murrina solus habes,
Massica solus habes et Opimi Caecuba solus,
  et cor solus habes, solus et ingenium.
omnia solus habes – nec me puta velle negare! –
  uxorem sed habes, Candide, cum populo. (3,26)

Landgüter hast du für dich allein und für dich allein,
Candidus, Gelder, / goldenes Geschirr hast du für dich
allein, Gefäße aus Achat hast du für dich allein, / Massiker
hast du für dich allein und Caecuber des Opimius-Jahrgangs
für dich allein, / und Verstand hast du für dich allein, für
dich allein auch Talent. / Alles hast du für dich allein – und
glaube nicht, ich wolle das leugnen! –, / aber deine Frau hast
du, Candidus, mit allen gemeinsam.

Falscher Rabe

Mentiris iuvenem tinctis, Laetine, capillis,
    tam subito corvus, qui modo cycnus eras.
non omnes fallis; scit te Proserpina canum:
    personam capiti detrahet illa tuo. (3,43)

Du täuschst einen Jüngling vor mit deinen gefärbten
Haaren, Laetinus, / so plötzlich ein Rabe, der du eben noch
ein Schwan warst. / Nicht alle täuschst du: Proserpina
weiß, dass du weiß bist; / die Maske wird sie von deinem
Kopf ziehen.

Der jeweilige Grund

Thais habet nigros, niveos Laecania dentes.
    quae ratio est? emptos haec habet, illa suos. (5,43)

Thaïs hat schwarze, Laecania schneeweiße Zähne. /
Was ist der Grund? Gekaufte hat diese, jene ihre eigenen.
(In der Antike hatten die Menschen durchaus schon
Gebisse; sie trugen sie aus ästhetischen Gründen –
und nahmen sie vor dem Essen wohl heraus!)

Keine Angst vor dem Älterwerden!

Aus Ciceros *Cato maior de senectute*

Non viribus aut velocitate aut celeritate corporum res magnae geruntur, sed consilio, auctoritate, sententia; quibus non modo non orbari, sed etiam augeri senectus solet.

Bedeutende Dinge vollbringt man nicht durch körperliche Kraft, Behändigkeit und Schnelligkeit, sondern mit seinem klugen Rat, dem Gewicht seiner Persönlichkeit und seinem besonnenen Urteil. Das sind Eigenschaften, die man im Alter gewöhnlich nicht einbüßt, sondern die sogar noch zunehmen.

Fructus autem senectutis est … ante partorum bonorum memoria et copia.

Die Frucht des Alters ist … die Erinnerung an das früher erworbene Gute in all seiner Fülle.

Über die nachlassende Lust auf Sex

Nihil autem est molestum, quod non desideres.

Man leidet nicht unter dem, was man nicht vermisst.

Die bei Amtsantritt ältesten römischen Kaiser

Tacitus: 75
Pupienus: 74
Nerva: 65
Galba: 64
Vespasian: 59
Decius: 59
Didius Iulianus: 59
Petronius Maximus: 59
Carus: 58
Pertinax: 57

... und die jüngsten

Theodosius II.: 9 Monate
Valentinian II.: 4
Valentinian III: 6
Arcadius: 6
Gratian: 8
Honorius: 8
Gordian III.: 13
Severus Alexander: 14
Elagabal: 14
Romulus Augustulus: 16
Nero: 16

Die deutschen Bundeskanzler bei Amtsantritt – von alt bis jung

Konrad Adenauer: 73
Ludwig Erhard: 66
Olaf Scholz: 63
Kurt Georg Kiesinger: 62
Willy Brandt: 55
Helmut Schmidt: 55
Gerhard Schröder: 54
Helmut Kohl: 52
Angela Merkel: 51

Wenn ich erst mal alt bin, dann ziehe ich nach Norditalien!

Die Volkszählung unter Vespasian und Titus ergab, dass in Italien mehrere Menschen von über 100 Jahren leben, einer soll sogar 140 gewesen sein: Plinius, *Naturalis historia* 7,163 f.; Plinius nennt nur einige Beispiele:

Parma: 3 Bewohner von 120 Jahren, 1 Bewohner von 125 Jahren

Brixellum: 1 Bewohner von 120 Jahren

Placentia: 1 Bewohner von 130 Jahren

Faventia: 1 Bewohnerin von 130 Jahren

Bononia: 1 Bewohner von 135 Jahren

Ariminum: 1 Bewohner von 140 Jahren, 1 Bewohnerin von 137 Jahren

Veleia: 6 Bewohner von 110 Jahren, 4 Bewohner von 120 Jahren, 1 Bewohner von 150 Jahren

8. Bezirk Italiens: 54 Bewohner von 100 Jahren, 14 Bewohner von 110 Jahren, 2 Bewohner von 125 Jahren, 4 Bewohner von 130 Jahren, 4 Bewohner von 135 oder 137 Jahren, 3 Bewohner von 140 Jahren

Die heutigen Ortsnamen: Brixellum: Brescello – Placentia: Piacenza – Faventia: Faenza – Bononia: Bologna – Ariminum: Rimini – Veleia: Velleia

Mögliche Grabsteinsprüche

EGO CVM EO EO EO

(Für den, der sich mit seinem Partner bestatten lassen will)

STERCVS INTRA
CIPPOS QVI FECERIT
AVT VIOLARIT NE
LVMINIBVS FRVATVR

Wer Abfall zwischen die Grabsteine bringt oder sie beschädigt, der soll sich nicht länger seines Augenlichtes erfreuen!

CIL Suppl. Ital. I 633

FOSSOR PARCE HIC IAM CVBAT

Totengräber, lass die Finger weg! Hier liegt schon einer!

CIL VI 7543

In Hippo Regius (im heutigen Algerien) wurde eine Grabinschrift gefunden, die folgendermaßen beginnt:

HIC IACET CORPVS PVERI(S) NOMINANDI

L'Année Épigraphique 1931, Nr. 112

– Wie »Hier steht die Überschrift« ein Platzhalter, der versehentlich stehen blieb? Andere folgen dieser These nicht und übersetzen *nominandi* mit »bemerkenswert«.

Wer hat's gesagt?

Alea iacta est.

Caesar am 10. Januar 49, als er den Rubico (Grenze zwischen Gallien und Italien) überschreitet und damit den Bürgerkrieg auslöst. Der Ausspruch bezieht sich also auf den Anfang des Krieges und nicht auf seinen Ausgang. Statt, wie häufig zitiert, »Die Würfel sind gefallen« müsste es eigentlich heißen »Der Würfel ist geworfen«, Sueton.

Carpe diem.

»Nutze den Tag«, Horaz: Epikurs Lehre auf den Punkt gebracht, Carmen 1,11.

Veni, vidi, vici.

»Ich kam, sah, siegte«. Beim Triumphzug Caesars nach seinem Sieg über Pharnaces von Pontus (47 v. Chr.) soll eine Tafel mit diesen Worten gezeigt worden sein. Damit sollte die Geschwindigkeit, mit der dieser Krieg gewonnen wurde, dokumentiert werden. Findet sich eigentlich auf Griechisch bei Plutarch.

Pecunia non olet.

»Geld stinkt nicht.« Vespasian über die Einführung der Latrinensteuer. Nicht wörtlich belegt. Bei Sueton wird immerhin der Sachverhalt geschildert.

Die liebe Schönheit

Mentiris fictos unguento, Phoebe, capillos
  et tegitur pictis sordida calva comis.
Tonsorem capiti non est adhibere necesse:
  radere te melius spongea, Phoebe, potest.

Phoebus, mit Salbe lügst du, du habest noch echte Haare; /
die armselige Glatze wird so zugemalt mit falschem Haar. /
Einen Barbier für dein Haupt zu bemühen ist deshalb nicht
nötig: / dich vermag zu rasier'n, besser, Phoebus, ein
Schwamm!

Martial 6,57

Rezeptur für glatte Haut

Man nehme 2 Pfund Gerste aus Libyen (Gewicht ohne
Schale), trenne sie von der Spreu und ziehe die Hülse ab.
Man füge etwa die gleiche Menge an Linsen hinzu, die mit
10 Eiern befeuchtet worden sind; die Mischung muss luft-
getrocknet und gemahlen werden. Dann sammle man
Stangen von abgeworfenem Hirschgeweih und schabe sie
ab, das Erzeugnis füge man der Mischung bei, ebenso wie
$1/6$ As (Münze) sowie gestäubtes und gesiebtes Mehl und 12
Narzissenzwiebeln (ohne Schale). Alles zusammen werde
in einem Marmorgefäß mit der Hand »gestampft« und mit
$1/6$ Gummi sowie neunmal so viel Honig vermischt. Aufs
Gesicht aufgetragen – und glatt ist die Haut! (Nach Ovids
Medicamina faciei femineae.)

Zahnpastawerbung

Apuleius, der Autor des berühmten Romans *Der goldene Esel* (2. Jahrhundert), wurde der Zauberei bezichtigt und musste sich vor Gericht verteidigen. In seiner Rede zitiert er auch diese seine Verse:

Calpurniane, salve properis versibus.
Misi, ut petisti, tibi munditias dentium,
nitelas oris ex Arabicis frugibus,
tenuem, candificum, nobilem pulvisculum,
complanatorem tumidulae gingivulae,
converritorem pridianae reliquiae,
ne qua visatur tetra labes sordium,
restrictis forte si labellis riseris.

Calpurnian, sei gegrüßt in eiligen Versen. / Ich habe dir, wie gewünscht, etwas zum Zähneputzen geschickt, / etwas für den Glanz im Mund, aus arabischen Früchten, / ein sanftes, weiß machendes, feines Pülverchen, / das geschwollenes Zahnfleisch abschwellen lässt, / die Reste vom Vortag zusammenfegt, / damit man keinen ekeligen Schmutzfleck mehr sieht, / wenn du einmal lachst und dazu deine Lippen öffnest.

Apologia 6

Scribonius Largus überliefert antike Rezepte für Zahnpasta. Eines davon (*Compositiones* 59,1–6):

Dentifricium, quod splendidos facit dentes et confirmat: farinae hordeaciae sextarium conspargere oportet aceto cum melle mixto et subigere diutius atque ita in globulos

dividere sex; quibus dilatatis admiscere salis fossicii semun-
ciam, deinde furno coquere, donec in carbonem redigantur.
Tunc terere oportebit eos globulos et admiscere spicae
nardi quod satis videbitur ad odorem faciundum.

Ein Zahnpulver, das die Zähne glänzend macht und
kräftigt: Man vermische Essig mit Honig und benetze
damit ½ Liter Gerstenmehl; man durchknete (die Mas-
se) eine ganze Weile und teile (sie) dann in sechs Kügelchen; man rolle diese aus und mische ½ Unze Steinsalz
bei, dann backe man (das Ganze) im Ofen, bis es zu
Kohle geworden ist. Dann wird man diese Kügelchen
zerreiben und so viel Nardenähren beimischen müssen,
wie einem ausreichend erscheint, um einen guten
Geruch zu erzeugen.

Flüssigseife

Sapo, Galliarum hoc inventum rutilandis capillis, fit ex sebo
et cinere, optimus fagino et caprino, duobus modis, spissus
ac liquidus, uterque apud Germanos maiore in usu viris
quam feminis.

Seife, eine Erfindung der Gallier zum Rotfärben der
Haare, wird aus Talg und Asche hergestellt, die beste aus
Buchenasche und Ziegentalg, in zwei Arten: fest und
flüssig; beide werden bei den Germanen mehr von den
Männern als von den Frauen genutzt.

Plinius, *Naturalis historia* 28,191

Kochrezept

Patina de sambuco calida et frigida
Holunderbeerenomelett

Zubereitungszeit: 60 Min.
Kochzeit: 30 Min. auf kleiner Flamme
Zutaten für 4 Portionen:
500 g reife Holunderbeeren
½ EL gemahlener Pfeffer
2 EL Colatura di Alici (oder 1 TL Salz mit 2 EL Weißwein)
2 EL aromatischer Weißwein (z. B. Vin Santo)
5 EL Olivenöl
3 Eier
etwas gemahlener Pfeffer zum Bestreuen

Zubereitung

Die Holunderbeeren waschen, die Stängel entfernen, unreife Beeren aussortieren und in ungesalzenem Wasser ca. 10 Min. kochen, dann das Wasser abgießen und die Beeren durch ein Sieb abtropfen lassen. Etwas Öl in eine Pfanne geben, die Holunderbeeren und alle übrigen Zutaten außer den Eiern hinzufügen und das Ganze kurz aufkochen lassen. Die Eier mit dem Schneebesen schaumig schlagen und unterrühren. Auf ganz kleiner Flamme auf dem Herd kochen lassen, bis die Eier gestockt sind.

nach: Apicius, *De re coquinaria* 4,2,8

Wer sagt da: Über Geld spricht man nicht ...

SEX(TO) VARIO MARCELLO

PROC(VRATORI) AQVAR(VM) $\overline{C}$ PROC(VRATORI)

PROV(INCIAE) BRIT(ANNIAE) $\overline{CC}$ PROC(VRATORI)

RATIONIS

PRIVAT(AE) $\overline{CCC}$ VICE PRAEF(ECTORVM)

PR(AETORIO) ET VRBI FVNCTO

C(LARISSIMO) V(IRO) PRAEF(ECTO) AERARI

MILITARIS LEG(ATO) LEG(IONIS) III AVG(VSTAE)

PRAESIDI PROVINC(IAE) NVMIDIAE

IVLIA SOAEMIAS BASSIANA C(LARISSIMA)

F(EMINA) CVM FILIS

MARITO ET PATRI AMANTISSIMO

Dem Sextus Varius Marcellus, Procurator für die Wasserversorgung, mit einem Gehalt von 100 000 Sesterzen, Procurator der Provinz Britannien, mit einem Gehalt von 200 000 Sesterzen, Procurator des kaiserlichen Privatbesitzes, mit einem Gehalt von 300 000 Sesterzen, Stellvertreter des Prätorianerpräfekten und des Stadtpräfekten, dem hochangesehenen Mann (d. h.

Senator), dem Präfekten der Kasse zur Veteranenversorgung, Legat der Legio III Augusta, Statthalter der Provinz Numidien, hat Iulia Soaemias Bassiana, eine hochangesehene Frau, zusammen mit ihren Kindern für ihren Ehemann und aufs Innigste geliebten Vater (dieses Monument gestiftet).

CIL X 6569

Die Grabinschrift ist auf einer Marmorplatte aus Velitrae (heute: Velletri), etwa 40 km südöstlich von Rom, zu finden. Heute befindet sie sich in den Vatikanischen Museen – in unmittelbarer Nähe zum berühmten Apoll vom Belvedere und zum Laokoon. Sextus Varius Marcellus (um 165–215) wurde in Syrien geboren und hat, wie man sieht, in der römischen Verwaltung ordentlich Karriere gemacht. Sein Sohn Elagabal kletterte die Karriereleiter sogar noch bis ganz nach oben – der Nachwelt ist er als einer der ruchlosesten, selbstsüchtigsten Kaiser Roms in Erinnerung geblieben.

Latein im Supermarkt

Kosmetik

Labello von *labellum* (Lippe)
Odol von *odor* (Geruch)
Nivea von *niveus* (weiß wie Schnee)
Penaten von den *penates* (Schutzgottheiten der Familie)

Reinigungsmittel

Domestos von *domesticus*
(zum Haus gehörig)
Lenor von *lenis* (weich)

Automarken

(Opel) Astra von *astrum*
(Stern)
(VW) Lupo von *lupus* (Wolf)
Audi von *audire* (hören)
Volvo von *volvere* (rollen)

Lebensmittel

Alete von *alere* (nähren)
Duplo von *duplex* (doppelt)
Magnum von *magnus* (groß)
Miracoli von *miraculum*
(Wunder)
Sinalco < *sine* (ohne)

Sonstiges

Asics: Abkürzung von *Anima Sana in Corpore Sano*
(Gesunder Geist in gesundem Körper)
Ohropax < *pax* (Frieden)
Vox von *vox* (Stimme)

Es war einmal ...

De Rumpelstiltulo apologus

Olim molinarius vivebat. Qui pauper erat, sed pulchram filiam habebat. Quondam factum est, ut se in sermonem regis dederit. Ad auctoritatem sibi comparandam: »Mihi«, inquit, »filia est, quae ex stramento aurum nere potest.« Cui rex: »Haec mihi gratissima est ars. Si filia tua huius rei tam perita est ut dicis, adduc eam in regiam meam, ut experiri et temptare eam possim.« Cum puella ad regiam adveniret, in cellam stramento completam eam duxit, rhombum et suculam ei dedit, hoc dixit: »Nunc ad opus aggredere. Nisi usque ad mane e hoc stramento aurum neveris, morte multaberis.« Quo dicto ipse cellam clausit puellaque sola remansit.

Miseranda molitoris filia nunc in cella sedebat in vitae periculum adducta. Plane nesciebat quomodo e stramento aurum fieret. Timor eius in dies magis magisque crescebat. Flere coepit. Eo ipso puncto temporis porta patefacta est. Homullus intravit et dixit: »Salve, molitoris filia, curnam tantopere lacrimas?« – Et puella: »Eheu, mihi aurum e stramento nendum est, cuius artis autem ego plane inscia sum.« Cui homuncio: »Quid mihi dabis, si ego aurum tibi nebo?« – »Monile meum«, puella inquit. Homuncio ante rhombum assedit et puncto temporis tubulus plenus erat. Deinde alium rhombo infixit et puncto temporis et secundus plenus erat. Ita perrexit et primo mane omne stramentum netum erat et omnes tubuli auri pleni erant. Sole oriente rex venit. Cum aurum conspiceret, stupuit et gavisus est, sed cor eius auri sacra fame premebatur. Molitoris filiam in aliam multo maiorem cellam stramento impletam duci iussit. Quod ipsum quoque una nocte nere ei imperavit, nisi vitae pertaesa esset. Puella rem expedire nesciebat et flebat, cum porta patefacta est et homuncio iterum apparuit et dixit: »Quid mihi dabis, si ego aurum tibi nebo?« – »Anulum, quem in digito habeo«, puella respondit. Homuncio anulum sumpsit, rhombo laborare iterum coepit, primo mane ex omni stramento aurum nitens neverat. Rex, cum aurum conspiceret, praeter modum gavisus est, sed auri sacra fame pressus molitoris filiam in aliam multo quidem maiorem cellam stramento impletam duci iussit et: »Et e hoc strumento tibi hac nocte aurum faciendumst. Si tibi continget, in matrimonium te collocabo.« – Ut haec sit molitoris filia, secum cogitavit, tamen divitiorem quam eam toto in orbe terrarum non inveniam. Cum puella sola esset, homuncio tertium venit et dixit: »Quid mihi dabis, si et nunc quidem stramentum nebo?« – »Nil amplius habeo, quod tibi dare possem«, puella respondit. »Sponde mihi, cum regina facta eris, infantem tuum primum genitum.« Et molitoris filia: »In posterum prospicere nequeo.« Necessitate coacta aliam viam salutis non invenit. Homullo omnia, quae ab ea postulabat, factum iri promisit. Qua re et tertium e stramento aurum nevit. Cum mane rex veniret et omnia cum magna sua voluptate facta videret, uxorem eam duxit, et bella molitoris filia regina facta est.

Anno post pulchrum infantem peperit. Homuncionis noniam recordabatur, cum subito in cubiculum eius intravit et dixit: »Nunc mihi da quod promisisti.« Regina cohorruit. Homuncioni omnes opes regni promisit, nisi infantem ei auferret. Cui autem homullus: »Immo non!« inquit. »Animans mihi gratior omnibus divitiis huius mundi est.« Cum hoc audiret, regina tantopere lamentari et flere coepit, ut homuncio eius misereretur. »Si tribus diebus nomen meum sciveris,« inquit, »infantem tibi habere licebit.«

Regina totam per noctem omnia nomina, quae usquam audiverat, recordata est nuntiumque per regnum misit, ut late longeque percontaretur, quae alia nomina invenirentur. Cum proximo mane homullus veniret, Casparum, Melchiorem, Balthasarem et cetera nomina, quae sciebat, per ordinem numeravit. Homuncio autem semper respondit: »Ita minime vocor.« Altero die nuntium ubique in vicinia homines quaerere et percontari iussit, quae nomina haberent. Homuncioni insolitissima mirissimaque nomina dixit: »Tibine fortasse nomen Costabestia, Vervicisura, Pesconsertus?« Sed semper respondit: »Ita minime vocor.« Tertio die nuntius revenit et dixit: »Nullum nomen recens inveni. Cum autem monti alto appropinquarem et viam silvaticam flecterem, in loco remotissimo casellam conspexi, ante quam ignis tremula flamma ardebat, et quam homunculus catagelasimus uno pede circumsiluebat et clamabat:

›Hodie coquam, cras coquam,
perendie reginae infantem arcessam.
Rumpelstiltus nomen mi,
sed hoc notumst nemini.‹«

Cum nomen articulatum audiret, regina gavisa est, quod facile intellectu. Homullus paulo post intravit et »Age, regina, quid est nomen mihi?« inquit. Quae primum: »Tibine nomen Cuntius?« – »Non ita.« – »Henriculusne appellaris? « – »Nihil sane.«

»Tene forsitan Rumpelstiltulum vocant?«

»Hoc diabolus tibi dixit«, homullus exclamavit et pede dextro ira ardens tanta vi terram perfodit, ut usque ad coxam in ea inhaereret. Tum furore incensus pedem sinistrum ambobus manibus corripuit seque ipse in duas partes scidit.

Denkanstöße

Invident … homines maxime paribus aut inferioribus, cum se relictos sentiunt, illos autem dolent evolasse.

Die Menschen beneiden am meisten die, die ihnen gleichgestellt sind, oder die, die unter ihnen stehen, – wenn sie merken, dass sie selbst zurückgeblieben sind, wenn es sie schmerzt, dass jene an ihnen vorbeigezogen sind.

Cicero, *De oratore* 2,209

Felicem scivi non qui, quod vellet, haberet, sed qui per fatum non data non cuperet.

Glücklich ist, soweit ich weiß, nicht der, der das hat, was er will, sondern einer, der das, was ihm durch das Schicksal nicht gegeben ist, nicht begehrt.

Ausonius, *Epicedion in patrem* 23 f.

Non quia difficilia sunt, non audemus, sed quia non audemus, difficilia sunt.

Nicht weil etwas schwierig ist, wagen wir uns nicht heran, sondern weil wir uns nicht heranwagen, ist es schwierig.

Seneca, *Epistulae morales ad Lucilium* 104,26

Caesar

Prolapsus ... in egressu navis verso ad melius omine: »teneo te«, inquit, »Africa«.

Als er (= Caesar, als er mit seiner Flotte in Afrika gelandet war) beim Verlassen des Schiffes hingefallen war, deutete er das Omen positiv und sagte: »Ich halte dich, Afrika!«

Sueton, *Divus Iulius* 59

In expeditionibus tessellata et sectilia pavimenta circumtulisse.

Auf seinen Feldzügen habe er Mosaikfußböden und bunte Marmorfliesen mit sich geführt.

Sueton, *Divus Iulius* 46

Scribere aut legere, simul dictare et audire solitum accepimus, epistulas vero ... quaternas pariter dictare.

Zu schreiben und zu lesen, zugleich zu diktieren und zuzuhören, so haben wir gehört, soll er gewohnt gewesen sein, und vier Briefe ... gleichzeitig zu diktieren.

Plinius, *Naturalis historia* 7,91

C. Caesar Pomponio ostendenti vulnus ore …, quod is se passum pro Caesare pugnantem gloriabatur, »numquam fugiens respexeris« inquit.)

Pomponius zeigte eine Wunde in seinem Gesicht – und weil er sich rühmte, dass er sie sich im Kampf für Caesar zugezogen habe, – sagte Caesar: »Dreh dich niemals um, wenn du fliehst.«

Quintilian, *Institutio oratoria* 6,3,75

Inschriften in Pompeji

ADMIROR TE PARIES NON C(E)CIDISSE
QVI TOT SCRIPTORVM TAEDIA SVSTINEAS

Ich staune, Wand, dass du nicht zerfallen bist, da du so
viel Blödsinn von Schreibern ertragen musst!

> CIL IV 2487

A DVMIRORJII PARIES. NVNᴄᴄIDISSE
QVITOTT SCRIPTORVMTAEDIA SVSTINEAS

BARBARA BARBARIBVS BARBABANT BARBARA BARBIS

Barbarische Sachen bebarteten barbarisch mit barbarischen
Bärten.

> CIL IV 4235; vielleicht diente dieser Text zum Erlernen
> des Hexameters

HVC EGO CVM VENI, FVTVI, DEINDE REDII DOMI

Sogleich als ich angekommen bin, habe ich gefickt, dann
bin ich wieder nach Hause gegangen.

> CIL IV 2246; in einem Bordell – wollte der Schreiber an Caesars
> »veni, vidi, vici« erinnern?

FESTVS HIC FVTVIT COM SODALIBVS

Festus hat hier mit seinen Kameraden gefickt.

> CIL IV 3935

SVCCESSVS TEXTOR AMAT COPONIAES ANCILLA
NOMINE HIREDEM QVAE QVIDEM ILLVM
NON CVRAT SED ILLA COMISERETVR
SCRIBIT RIVALI VALE
INVIDIOSE QVIA RVMPERES SE(C)ARE NOLI
FORMONSIOREM
ET QVI EST HOMO PRAVESSIMVS ET BELLVS
DIXI SCRIPSI AMAS HIREDEM
QVAE TE NON CVRAT [...]

Successus der Weber liebt die Sklavin der Wirtin, mit
Namen Iris. Sie aber macht sich nichts aus ihm, sondern
hat Mitleid mit ihm. (So) schreibt ein Konkurrent.
Tschüss! –
Neidischer Kerl! Nur weil du platzt, sollst du es nicht
einem Schöneren missgönnen, einem, der mal richtig
über die Stränge schlagen will und hübsch aussieht! –
Ich sagte es, ich schrieb es: Du liebst die Iris, sie macht
sich nichts aus dir.

CIL IV 8259 und 8258; von mehreren Schreibern

Let's talk about …

Über Horaz

Ad res Venerias intemperantior traditur; nam speculato cubiculo scorta dicitur habuisse disposita, ut, quocumque respexisset, ibi ei imago coitus referretur.

In Sachen Sex soll er recht zügellos gewesen sein; in seinem mit Spiegeln versehenen Schlafzimmer soll er seine Huren immer so positioniert haben, dass er, wohin auch immer er blickte, eine Perspektive auf sein Treiben hatte.

Sueton, *Horaz* 3

Eindeutig zweideutig

Glans kann sowohl das »Schleuderblei« bezeichnen als auch die männliche »Eichel« – und damit sexuell konnotiert sein. Von der Belagerung von Perugia durch Octavian, den späteren Kaiser Augustus, wurden Steinschleudern gefunden, die Inschriften tragen, darunter folgende:

peto Octavia(ni) culum

Ich will Octavians Arsch!

CIL 11,6721,7

Wenn's fit hält …

Plinius hält Sex für gesund, aber man sollte ihn nicht zu oft haben … Die positiven Seiten:

> Athletae … torpentes restituuntur venere, vox revocatur, cum … declinat in fuscam. Medetur et lumborum dolori, oculorum hebetationi … ac melancholicis.

> Müde Sportler kommen durch Sex wieder zu Kräften, die Stimme kommt wieder, wenn … man heiser ist. Lendenschmerzen, Augenschwäche … und Depression wird man los.

Plinius, *Naturalis historia* 28,58

Ein Hoch auf den berühmten Versöhnungssex

Quae modo pugnarunt, iungunt sua rostra columbae.

Tauben, die eben noch gegeneinander gekämpft haben, verbinden ihre Schnäbel.

Ovid, *Ars amatoria* 2,465

Die Liebe

Ovid rät Männern unter anderem

- Versuche dich nicht an Gedichten; die Frau ist eh nur enttäuscht, weil sie lieber ein Geschenk hätte!
- Geh zu einem guten Friseur, lass dir die Fingernägel schneiden und die Nasenhaare kürzen, wasch dich ordentlich, trag frische Kleidung und putz dir die Zähne!

... und Frauen

- Kleine Sprachfehler – Ovid denkt wohl an ein leichtes absichtliches Lispeln – können zum Charme einer Frau beitragen.
- Willst du im Fußballstadion (bei Ovid die Arena) flirten, dann frag erst einmal, welche Mannschaft der Angehimmelte gut findet – und juble entsprechend!

Ovid rät nicht von Seitensprüngen ab, er mahnt nur, sich nicht erwischen zu lassen. Seine Tipps:

- Trefft euch immer an einem anderen Ort und zu einer anderen Tageszeit!
- Keine Liebesbriefe, die gefunden werden könnten!
- Sei weder unterwürfig noch schmeichelnder als gewöhnlich; das verrät ein schlechtes Gewissen!
- Hab weiter leidenschaftlichen Sex mit deinem Partner /

deiner Partnerin (zur Not gespielt leidenschaftlich), damit er/sie nicht misstrauisch wird!

Wenn keine Verführungsstrategie hilft

Alimbeu, Columbeu, Petalimbeu, faciatis Victoriam, quam peperit Suavulva, amantem, furentem prae amore meo, neque somnum videat, donec ad me veniat, puellarum deliciae.

Alimbeu, Columbeu, Petalimbeu, macht die Victoria, Tochter der Suavulva, verliebt, rasend vor Liebe zu mir, und möge sie, bis sie zu mir kommt, keinen Schlaf finden, die Lieblichste unter den Mädchen.

aus Hadrumentum in Nordafrika, 3. Jh. n. Chr.

Sprichwörter

Welches deutsche Sprichwort passt zu welchem lateinischen?

Abducet praedam, qui
occurrit prior.
Plautus, *Pseudolus* 1198 f.

einem Habicht
Tauben anvertrauen

eine Burg machen
aus einer Kloake

Jetzt Eier zu
haben ist
besser, als
morgen
Hennen zu
haben.

arcem facere e cloaca
Cicero, *Pro Gnaeo
Plancio* 95

aus einer Mücke einen
Elefanten machen

den Bock
zum Gärtner
machen

Ad praesens ova cras
pullis sunt meliora.
Rabelais, *Gargantua
et Pantagruel* 3,42

Wer zuerst kommt,
mahlt zuerst.

Der Spatz in der
Hand ist besser als
die Taube auf dem
Dach.

accipitri columbas credere
Ovid, *Ars amatoria* 2,363

Derjenige wird die Beute
wegtragen, der sich als
Erster auf sie stürzt.

Neugier wird bestraft

Mos antea senatoribus Romae fuit in curiam cum praetextatis filiis introire. Tum, cum in senatu res maior quaepiam consultata … est placuitque, ut eam rem, super qua tractavissent, ne quis enuntiaret, priusquam decreta esset, mater Papirii pueri, qui cum parente suo in curia fuerat, percontata est filium, quidnam in senatu patres egissent. Puer respondit tacendum esse neque id dici licere. Mulier fit audiendi cupidior; secretum rei et silentium pueri animum eius ad inquirendum everberat …

Tum puer matre urgente lepidi atque festivi mendacii consilium capit. Actum in senatu dixit, utrum videretur utilius exque re publica esse, unusne ut duas uxores haberet, an ut una apud duos nupta esset. Hoc illa ubi audivit, animus compavescit, domo trepidans egreditur ad ceteras matronas.

Pervenit ad senatum postridie matrum familias caterva; lacrimantes atque obsecrantes orant, una potius ut duobus nupta fieret, quam ut uni duae.

Früher pflegten die Senatoren Roms den Brauch, mit ihren Söhnen, die noch die *toga praetexta* trugen, zu den Versammlungen in die Kurie zu gehen. Als einmal im Senat über eine recht wichtige Sache beraten wurde und … man beschloss, dass niemand über das, worum es gegangen war, Auskunft geben solle, bevor es entschieden sei, hat die Mutter des jungen Papirius, der mit seinem Vater in der Kurie gewesen war, ihren Sohn darüber ausgefragt, was denn die Senatoren im Senat behandelt hätten. Der Junge antwortete, es müsse Schweigen bewahrt werden und er dürfe nicht darüber sprechen. Die Frau wird nun noch begieriger, etwas zu erfahren; die Heimlichtuerei um die Sache und die Verschwiegenheit des Jungen stacheln ihre Neugierde zu weiterem Nachfragen an …

Da die Mutter so drängt, lässt sich der Junge eine geistreiche, witzige Lüge einfallen. Er sagte, im Senat sei verhandelt worden, ob es nützlicher und im Staatsinteresse wäre, dass ein Mann zwei Ehefrauen habe oder eine Frau mit zwei Männern verheiratet sei. Als sie das hörte, erschrak sie zutiefst; aufgeregt eilt sie aus dem Haus zu den anderen Frauen.

Am folgenden Tag kommt eine ganze Schar von Familienmüttern zum Senat; unter Tränen und Beschwörungen bitten sie darum, dass besser eine Frau mit zwei Männern verheiratet sein solle als zwei Frauen mit einem Mann.

Gellius, *Noctes Atticae* 1,23,4–10

Warum jeder Mann eine böse Ehefrau haben sollte

Xanthippe, Socratis philosophi uxor, morosa admodum fuisse fertur et iurgiosa et molestiarum muliebrium per diem perque noctem scatebat. Has eius intemperies in maritum Alcibiades demiratus interrogavit Socraten, quaenam ratio esset, cur mulierem tam acerbam domo non exigeret. »Quoniam« inquit Socrates »cum illam domi talem perpetior, insuesco et exerceor, ut ceterorum quoque foris petulantiam et iniuriam facilius feram.«

Xanthippe, die Frau des Philosophen Sokrates, soll sehr launisch gewesen sein und zänkisch und überbot sich Tag und Nacht in weiblichen Wutausbrüchen und Unerträglichkeiten. Alkibiades wunderte sich sehr über ihr aggressives Verhalten ihrem Ehemann gegenüber und fragte Sokrates, wie es denn zu erklären sei, dass er ein so schreckliches Weib nicht aus dem Haus jage. Sokrates antwortete: »Weil ich mich dadurch, dass ich sie so, wie sie halt ist, im Haus ertrage, daran gewöhne und Übung darin bekomme, auch in der Öffentlichkeit die Frechheit und Ungerechtigkeit anderer leichter zu ertragen.«

Gellius, *Noctes Atticae* 1,17,1–3

Numerare latine

Einfach *numerare* und das Ergebnis in die Kästchen *scribere* – in römischen Ziffern natürlich (I, V, X, L, C, D, M) und: »Punkt vor Strich« nicht vergessen!

Waagerecht: 1. novem^3 + quindecim^2 + (septem · sex) | **5.** decem^3 + quadraginta – sex · quinque | **7.** septem · quattuor + tres · quattuor | **8.** centum · quinque + undecim^2 + duo | **11.** quinque^3 + quinque^2 | **13.** undecim · tres

Senkrecht: 1. centum + quinque | **2.** viginti – quinque | **3.** (viginti + quattuor) : tres | **4.** octo^3 + undecim · quattuor – quattuor^2 | **5.** mille + [(triginta + tres) : tres] | **6.** novem^3 – septem · undecim – duo | **8.** viginti^2 + quindecim^2 + quinque^2 – septem^2 | **9.** undecim + duo de viginti + duo · tres – quinque | **10.** unus · unus + unus + unus · unus | **12.** duodecim : duo

Badeluxus

Die Römer sind bekannt für ihre Thermen – mit *natatio*, Kalt- und Warmbad, Imbissbuden, Ballspielplätzen, Massageräumen und manchmal sogar Bibliotheken regelrechte Vergnügungstempel. Plinius (*Naturalis historia* 36,121) erwähnt, Agrippa habe in Rom 170 öffentliche Bäder eingerichtet, und in der Kaiserzeit habe es sogar noch mehr gegeben. Benutzung: gratis! Für Ende des 4. Jahrhunderts vermutet man eine Zahl von etwa 1000 öffentlichen Bädern in Rom.

Die Vorfahren, hebt Seneca als positiv hervor (*Epistulae morales ad Lucilium* 86,12), hätten nur Arme und Beine täglich abgespült, auf denen sich natürlich der Schmutz der Tagesarbeit angesammelt hatte, ein Vollbad hingegen nur an Markttagen genommen, also an jedem neunten Tag. Ohnehin scheint der Stoiker nicht ein sonderlicher Thermen-Freund gewesen zu sein:

> Ich wohne direkt über einer Badeanlage … Jetzt stell dir Geräusche aller Art vor, die einen dazu bringen können, seine Ohren zu verfluchen. Wenn Kraftprotze trainieren und mit den Händen schwere Bleigewichte stämmen, wenn sie sich verausgaben oder so tun, als würden sie sich verausgaben, dann höre ich ihr Stöhnen, und wenn sie den Atem angehalten haben und ihn dann wieder ausstoßen, höre ich ein Zischen und ein ganz gepresstes Atmen. Gerate ich aber an einen Faulen, der mit dem gewöhnlichen Einsalben und Massieren zufrieden ist,

dann höre ich das Klatschen der Hand des Masseurs, der auf die Schultern schlägt ... Kommt aber ein Ballspieler dazu und fängt an, die Bälle zu zählen, dann ist's aus. Nimm noch einen Streithammel dazu, einen ertappten Dieb und einen, der sich gerne im Bad singen hört, und dazu noch die Leute, die mit einem gewaltigen Platschen ins ... Wasser ... springen. Außer diesen Typen ... musst du dir noch einen Haarauszupfer vorstellen, der seine dünne und schrille Stimme, um sich besser bemerkbar zu machen, ununterbrochen ertönen lässt und nie den Mund hält, außer wenn er Achselhaare auszupft und einen anderen an seiner Stelle zu schreien zwingt. Schon höre ich einen Getränkeverkäufer seine verschiedenen Angebote ausrufen, einen Wursthändler und Zucker-bäcker und sämtliche Wirte von Imbissbuden, die ihre Ware in jeweils eigener charakteristischer Tonart an-bieten.

Seneca, *Epistulae morales ad Lucilium* 56,1–2

Augustus

Gesandte der spanischen Stadt Tarragona kamen zu Augustus und meldeten ihm stolz: »Stell dir vor, welches Vorzeichen sich bei uns ereignet hat: Auf deinem Altar ist ein Palmbäumchen aufgesprosst!« Worauf sie der Kaiser mit seinem Kommentar ziemlich ernüchterte: »Daran sieht man eigentlich nur, wie oft ihr ihn anzündet!«

Quintilian, *Institutio oratoria* 6,3,77

Intraverat Romam simillimus Caesari … Augustus perduci ad se hominem iussit, visumque hoc modo interrogavit: Dic mihi, adolescens, fuit aliquando mater tua Romae? Negavit ille, … adiecit: Sed pater meus saepe.

Es war einer nach Rom gekommen, der Caesar (Augustus) sehr ähnlich sah … Augustus ließ den Mann zu sich bringen, und als er ihn sah, fragte er folgendermaßen: Sag mir, junger Mann, war deine Mutter irgendwann einmal in Rom? Jener verneinte, … und schob dann nach: Aber mein Vater oft.

Macrobius, *Saturnalia* 2,4,20

Augustus wollte in der Sänfte so langsam reisen, dass er für eine Strecke von gerade mal 20 km 2 Tage brauchte!

Itinera lectica et noctibus fere eaque lenta ac minuta faciebat, ut Praeneste vel Tibur biduo procederet; ac si quo pervenire mari posset, potius navigabat.

Er reiste gewöhnlich in der Sänfte und nachts, langsam und in kleinen Etappen, so dass er nach Praeneste oder Tibur zwei Tage brauchte; und wenn das Ziel über Meer zu erreichen war, dann zog er die Seereise vor.

Sueton, *Augustus* 82

Apropos – Seneca über das beschwerliche Getragenwerden:

A gestatione cum maxime venio, non minus fatigatus quam si tantum ambulassem quantum sedi; labor est enim et diu ferri, ac nescio an eo maior, quia contra naturam est, quae pedes dedit, ut per nos ambularemus, oculos, ut per nos videremus. Debilitatem nobis indixere deliciae, et quod diu noluimus posse desiimus.
Mihi tamen necessarium erat concutere corpus, ut, sive bilis insederat faucibus, discuteretur ...

Eben kehre ich von einem Ausflug (in der Sänfte) zurück, nicht weniger platt, als wenn ich selber so lange gegangen wäre, wie ich gesessen habe; es ist nämlich auch anstrengend, lange getragen zu werden, und vielleicht ist es umso anstrengender, weil es im Widerspruch zur Natur steht, die uns Füße gegeben hat, damit wir aus eigener Kraft gehen, Augen, damit wir aus eigener Kraft schauen. Die Annehmlichkeiten (der Sänfte) haben uns eine Gebrechlichkeit schon angekündigt, und (genau das,) was wir lange nicht gewollt haben, können wir (dann) nicht mehr.
Für mich war es trotzdem nötig, den Körper durchrütteln zu lassen: hat sich Gallenflüssigkeit in der Kehle festgesetzt, sollte sie danach weg sein ...

Seneca, *Epistulae morales ad Lucilium* 55,1 f.

Wahre Freunde

Aus Ciceros *Laelius de amicitia*

Nam et secundas res splendidiores facit amicitia et adversas partiens communicansque leviores.

Freundschaft macht ein Glück noch glänzender, das Unglück aber, indem sie es teilt und damit halbiert, leichter.

Illud (…) praecipiendum fuit, ut eam diligentiam adhiberemus in amicitiis comparandis, ut ne quando amare inciperemus eum, quem aliquando odisse possemus. Quin etiam si minus felices in diligendo fuissemus, ferendum id Scipio potius quam inimicitiarum tempus cogitandum putabat.

Wir sollten bei der Wahl von Freunden solche Sorgfalt anwenden, dass wir zu Anfang niemals einen lieben, den wir später einmal hassen müssen. Ja, wenn wir in unserer Wahl weniger glücklich gewesen seien, so müsse man das eher hinnehmen, meinte Scipio, anstatt nach einer Gelegenheit zum Beginn einer offenen Feindschaft Ausschau zu halten.

Namque hoc praestat amicitia propinquitati, quod ex propinquitate benevolentia tolli potest, ex amicitia non potest.

Die Freundschaft ist dahingehend besser als die Verwandtschaft, weil bei der Verwandtschaft die gegenseitige Zuneigung verschwinden kann, bei der Freundschaft nicht.

Amicus certus in re incerta cernitur.

Den sicheren Freund erkennt man in unsicherer Lage.

Seneca

Post amicitiam credendum est, ante amicitiam iudicandum.

Ist erst Freundschaft geschlossen, dann muss man an sie glauben, bevor man Freundschaft schließt, gilt es zu urteilen.

Seneca, *Epistulae morales ad Lucilium* 3,2

In 7 Schritten an die Macht!
Q. Ciceros Wahlkampftipps

I. Allgemeine Tipps

Paratus ad dicendum venito.

Präsentiere dich als wohlvorbereitet auf deine Reden.

Fac, ut amicorum et multitudo et genera appareant.

Handle so, dass sowohl die Zahl als auch die Stellung
deiner Freunde offen sichtbar sind.

Adhibeas necesse est omnem rationem et curam et laborem
et diligentiam.

Setz all dein Urteilsvermögen, Umsicht, Mühe und
Sorgfalt ein.

Opus est magno opere blanditia.

Was du dringend brauchst, ist Schmeichelei.

Nec tamen in petendo res publica capessenda est neque
in senatu neque in contione.

Während deiner Kandidatur freilich darfst du dich weder im Senat noch bei den politischen Zusammenkünften des Volkes mit Tagespolitik befassen.

Postremo tota petitio cura ut pompae plena sit, ut inlustris, ut splendida, ut popularis sit, ut habeat summam speciem ac dignitatem, ut etiam, si qua possit ratione, competitoribus tuis exsistat aut sceleris aut libidinis aut largitionis ... infamia.

Letztens sieh zu, dass dein ganzer Wahlkampf eine gute Show ist, brillant, glänzend und populär, die größte Aufmerksamkeit und höchstes Prestige erzielt – und auch, wenn das denn irgendwie zu arrangieren möglich ist, dass man Skandalgeschichten ... über die Verbrechen, sexuellen Ausschreitungen und Bestechungen deiner Konkurrenten erzählt.

II. Leute um sich scharen, besonders Anhänger in der Führungsriege sichern

Sunt instituendi cuiusque generis amici: ad speciem, homines inlustres honore ac nomine – qui, etiam si suffragandi studia non navant, tamen adferunt petitori aliquid dignitatis; ad ius obtinendum, magistratus – ex quibus maxime consules, deinde tribuni plebi; ad conficiendas centurias, homines excellenti gratia.

Du musst Freunde aller Art finden: zwecks des äußeren Eindrucks Männer mit berühmter Ehrenstellung und großem Namen, die – selbst wenn sie kein aktives

Interesse am Wahlkampf haben – einem Kandidaten einiges Prestige verleihen; zwecks Sicherstellung der eigenen Rechtsposition Amtsinhaber, insbesondere die Konsuln, dann auch die Volkstribune; zwecks Erhalt der Wahlstimmen der einzelnen Zenturien Personen von außerordentlichem Einfluss.

Et primum, id quod ante oculos est, senatores equitesque Romanos, ceterorum ordinum omnium navos homines et gratiosos complectere.

Erstens – das ist ja offenkundig – ziehe auf deine Seite Senatoren, Angehörige des römischen Ritterstands und aktive und einflussreiche Männer aller Rangstufen.

Amicorum studia beneficiis et officiis et vetustate et facilitate ac iucunditate naturae parta esse oportet.

Die eifrige Unterstützung durch Freunde sollte man sich durch Wohltaten, Beachtung von Verpflichtungen, alte Bekanntschaften, Zugänglichkeit und natürlichen Charme sichern.

Ut quisque est intimus ac maxime domesticus, ut is amet et quam amplissimum esse te cupiat valde elaborandum est, tum ut tribules, ut vicini, ut clientes, ut denique liberti, postremo etiam servi tui; nam fere omnis sermo ad forensem famam a domesticis emanat auctoribus.

Jeder, der dir in deinem Familienkreis am nächsten und engsten steht, muss mit jeder Mühe dazu gebracht werden, diese Zuneigung zu spüren und dir jeden nur möglichen Erfolg zu wünschen; ebenso muss das auch für die Mitglieder deiner Tribus gelten, für deine Nachbarschaft und für deine Klienten, dann für deine Freigelassenen und schließlich sogar deine Sklaven, denn die Kommunikation, aus der die öffentliche Reputation entsteht, geht von Quellen im eigenen Haus aus.

Hos tu homines, quibuscumque poteris rationibus, ut ex animo atque summa voluntate tui studiosi sint elaborato.

Arbeite mit allen Mitteln, die du hast, daran, diese Personen zur ehrlichen und äußerst begeisterten Unterstützung deiner Sache zu gewinnen.

III. Leute für den Wahlkampf einspannen

Fac, ut plane iis omnibus, quos devinctos tenes, discriptum ac dispositum suum cuique munus sit.

Stelle sicher, dass jedem von all denen, die du dir verpflichtet hast, eine bestimmte Aufgabe zugeteilt und übertragen wird.

Iis fac ut propositum ac paratum auxilium tuum esse videatur, denique ut spectatorem te suorum officiorum esse intellegant diligentem, ut videre te plane atque animadvertere, quantum a quoque proficiscatur, appareat. ... ut ipsi intellegant te videre quid a quoque exspectes, sentire quid accipias, meminisse quid acceperis.

Lass sie wahrnehmen, dass deine Hilfe für sie bereitsteht; lass sie auch erkennen, dass du ihre Dienste sorgfältig beobachtest, dass du scheinbar genau siehst und wahrnimmst, wie viel von jedem von ihnen kommt. ... lass sie verstehen, dass du weißt, was du von jedem erwarten kannst, dass du wahrnimmst, was du bekommst, und dass du dich daran erinnerst, was du erhalten hast.

IV. Chancen einschätzen und auf dieser Basis eine Strategie entwickeln

Habeto rationem urbis totius, collegiorum, montium, pagorum, vicinitatum.

Schätze die Verhältnisse der ganzen Stadt ein, die Vereine, die Berge und Fluren, die Nachbarschaften.

Totam Italiam fac ut in animo ac memoria tributim discriptam comprensamque habeas, ne quod municipium, coloniam, praefecturam, locum denique Italiae ne quem esse patiare, in quo non habeas firmamenti quod satis esse possit, perquiras et investiges homines ex omni regione, eos cognoscas, appetas, confirmes, cures, ut in suis vicinitatibus tibi petant et tua causa quasi candidati sint. Volent te amicum, si suam a te amicitiam expeti videbunt; id ut intellegant, oratione ea, quae ad eam rationem pertinet, habenda consequere. Homines municipales ac rusticani, si nomine nobis noti sunt, in amicitia se esse arbitrantur ...

Erfasse in deinem Geist und Gedächtnis das Ganze Italiens, Tribus für Tribus, und lass keine Landstadt, keine Militärkolonie, keine Präfektur oder überhaupt auch nur irgendeinen Ort in Italien aus, wo du nicht ausreichend Unterstützung hast! Erkundige dich in jeder Region nach Männern und suche sie auf, lerne sie kennen, verfolge sie, sichere sie dir und sieh zu, dass sie in ihren Nachbarschaften für dich Wahlkampf betreiben und wie Kandidaten an deiner statt agieren. Sie werden dich als Freund haben wollen, wenn sie sehen, dass dir an ihrer Freundschaft sehr gelegen ist. Damit sie das verstehen, nutze angemessene Kommunikationsformen: Landstädter und Landbewohner halten sich für Freunde, wenn wir sie mit Namen kennen …

V. Wem kannst du vertrauen?

Si eum, qui tibi promiserit, audieris fucum, ut dicitur, facere aut senseris, ut te id audisse aut scire dissimules, si qui tibi se purgare volet, quod suspectum esse arbitretur, adfirmes te de illius voluntate numquam dubitasse nec debere dubitare; is enim, qui se non putat satis facere, amicus esse nullo modo potest. Scire autem oportet, quo quisque animo sit, ut et quantum cuique confidas constituere possis.

Wenn jemand sich dir angeschlossen hat und du hörst oder siehst, dass er, wie man so sagt, »geschminkt« ist (also ein doppeltes Spiel mit dir treibt), tu so, als hättest du dies nicht gehört oder bemerkt; und wenn jemand meint, dass du ihn dessen verdächtigst, und sich zu erklären versucht, versichere ihm, dass du niemals seine Sympathien in

Zweifel gezogen hast und auch gar keine Veranlassung dazu hast – denn wer glaubt, selbst nicht genug getan zu haben, kann keinesfalls ein Freund sein. Du solltest wissen, wie jeder Mann dir gegenüber eingestellt ist, so dass du dementsprechend entscheiden kannst, wie viel Vertrauen du in einen jeden setzen kannst.

VI. Umgang mit dem Gegner

Tum etiam obtrectatorum atque adversariorum rationes et genera cognoscito. Haec tria sunt: unum quos laesisti, alterum qui sine causa non amant, tertium qui competitorum valde amici sunt.

Lerne auch die Methoden und Typen deiner Widersacher und Gegner kennen. Es gibt dreierlei Typen: Erstens diejenigen, die du verletzt hast, zweitens diejenigen, die dir ohne Grund nicht zugeneigt sind, und drittens diejenigen, die enge Freunde deiner Konkurrenten sind.

VII. Zeige dich großzügig und sei vor allem gerne großzügig

Quod facere non possis, ut id aut iucunde neges aut etiam non neges; quorum alterum est tamen boni viri, alterum boni petitoris.

Was immer du nicht tun kannst, das lehne höflich – oder aber gar nicht – ab. Ein guter Mann wird das Erstere tun, ein guter Kandidat das Zweitere.

Cantate Latine

Drei Chinesen mit dem Kontrabass

Tres Sinenses viri musici
viola atque voce canunt hilari.
Miratur custos publicus: Quinam hi?
Tres Sinenses viri musici.

Tras Sanansas …

Tris Sininsis …

Tros Sononsos …

Trus Sununsus …

Traus Saunaunsaus …

(etc.)

Fußball-Quiz

Quem »Lumen pedifolliludii Germaniae« dicunt?

a) Renatum Aquilam
b) Franciscum Antonium Aqualificem
c) (Ro)bertulum Baiulum
d) Uvium Nostrum Hammaburgensem

Cuius manus pedilusores anno MCMLXXIVo certatione mundana vicerunt? Pedilusores manus ...

a) Germanicae
b) Russicae
c) Brasilianae
d) Hispanicae

Qui cantator illustris antea pedilusor fuit?

a) Robertus Albus
b) Florianus Argentiferreus, suspirium Helenae Piscatricis
c) Iulius Ecclesiae
d) Ninus Angelicus

Quo cognomine pedilusores Caesarilutrae afficiuntur?

a) Ultores Palatini
b) Diaboli Rubri
c) Piratae Nigri
d) Bellatores Defessi

Quod est cognomen ioculare Francisci Aqualificis?

a) Pulex
b) Caesar
c) Salvator
d) Sagitta Flava

Quotiens Miroslavus Closius Polono-Germanus lusor patrius rete ferivit?

a) Undeciens
b) Centiens
c) Septuagiens semel
d) Sexagiens

Quotiens Loddarius (sic!) Matthaeus puellam in matrimonium duxit?

a) Semel
b) Quinquiens
c) Quater
d) Bis

Quis dixit »Follis rotundus est«?

a) Sephus Susceptor
b) Hieronymus Boatengis
c) Dionysius Monticampus
d) Robertus Carolus

Cuius pedilusoris erat mos, postquam pede follem in rete catapultavit, saltum capite deorsum posito facere?

a) Miroslavi Closii Germano-Polacci
b) Zinedinis Zidanis Francogalli
c) Franci Lampardi Britanni
d) Gabrielis Batistutae

Bibamus!

Si bene commemini, causae sunt quinque bibendi:
Hospitis adventus, praesens sitis atque futura
Et vini bonitas et quaelibet altera causa.

Wenn ich mich recht erinnere, gibt es fünf Gründe zu trinken: / Eines Gastes Ankunft, Durst (jetzt oder bald), / die Qualität des Weins und jeder andere beliebige Grund.

Aegidius Menagius (1613–1692)

Nihil aliud est ebrieteas quam voluntaria insania.

Nichts anderes ist die Trunkenheit als ein freiwilliger Wahnsinn.

Seneca, *Epistulae morales ad Lucilium* 83,18

Conditum paradoxum – Paradoxer Gewürzwein

Zubereitungszeit: 24 Std.
Zutaten für 1 l:
ca. 300 g Honig (oder Defrutum – eingekochter Traubensaft)
750 ml Weißwein
7 g Pfefferkörner
eine Prise gemahlenes Mastixharz
eine Prise zerstoßene Lorbeerblätter
eine Messerspitze Safran
1 Dattel

Zubereitung

Den Honig mit 7 EL Wein aufkochen. Den Schaum mit etwas Wein ablöschen, die Honigbrühe vom Feuer nehmen und abkühlen lassen. Sobald sie abgekühlt ist, wieder aufkochen lassen, wieder abkühlen und ein drittes Mal aufkochen lassen. Vom Herd nehmen und über Nacht ruhen lassen. Am nächsten Tag abschäumen und die Gewürze hinzufügen. Die Dattel entkernen und in ein wenig Wein einweichen. Den Dattelkern rösten und zusammen mit der eingeweichten Dattel ebenfalls hinzufügen. Am Schluss den restlichen Wein (ca. 620 ml) hinzufügen.

Apicius, *De re coquinaria* 1,1

TALIA TE FALLANT
VTINAM MEDACIA COPO
TV VEDES ACVAM ET
BIBES IPSE MERVM

Solche Lügen, Wirt, mögen dich teuer zu stehen kommen! Wasser verkaufst du und trinkst selbst reinen Wein.

CIL IV 3948; aus Pompeji

Schlangen mögen Wein:

Serpentes, cum occasio est, vinum praecipue adpetunt.

Wenn sich ihnen die Gelegenheit bietet, gieren Schlangen besonders nach Wein.

Plinius, *Naturalis historia* 10,198; Aristoteles berichtet sogar, man solle Wein auslegen und die betrunkenen Schlangen dann fangen.

Vitruv erwähnt Speiseräume mit Abflüssen und Kohleboden, der verschütteten Wein aufsaugen und für warme Sklavenfüße sorgen solle:

> Deinde congestis et spisse calcatis carbonibus inducitur et sabulone et calce et favilla mixta materies crassitudine semipedali. ... summo ... despumato redditur species nigri pavimenti. Ita ... quod ... effundetur, simul cadit siccescitque, quique versantur ibi ministrantes, etsi nudis pedibus fuerint, non recipiunt fraces ab eius modi genere pavimenti.

> (Auf den Estrich) wird dann Kohle geschüttet und festgestampft und ein Gemisch aus Kies, Kalk und Asche, einen halben Fuß dick. ... Ist die Oberfläche ... abgeschliffen, sieht es aus wie ein schwarzer Fußboden. So ... wird ... Verschüttetes sogleich aufgesogen, und die Diener dort erkälten sich bei einem solchen Fußboden nicht, selbst nicht, wenn sie barfuß gehen.

Vitruv, *De architectura* 7,4,5

Meum est propositum in taberna mori.

Mein Vorsatz ist's, im Wirtshaus zu sterben.

Archipoeta 10,12,1

Inschriften

Bei der Uhr am neuen Leipziger Rathaus steht: MORS CERTA, HORA INCERTA (»Der Tod ist gewiss, die Stunde ungewiss«), gerne wohl auch falsch gelesen als: »Todsicher geht die Uhr falsch«.

Aus Pompeji

OCEANVS L(IBERTVS) XIII V(ICIT)

Oceanus, Freigelassener, 13 (Siege)

CIL IV 8055a

LOCV(S)
OCCVP
ATVS
EST

Platz / ist / reser/viert.

CIL IV 1097a; Sitzplatzreservierung im Amphitheater

STERCORARI
AD MVRVM
PROGREDERE SI
PRESVS FVERIS POENA
PATIARE NECESE
EST CAVE

Mist schütten / an die Mauer? / Geh weiter! / Wenn du erwischt wirst, / wirst du sicher bestraft! / (Also) Vorsicht!

CIL IV 7038

MIXIMVS IN LECTO FATEOR PECCAVIMVS
HOSPES SI DICES QVARE NVLLA MATELLA FVIT

Wir haben ins Bett gepinkelt. Ich geb's zu: unser Fehler, / Gastgeber! Fragst du jetzt »Warum?« Es gab gar keinen Nachttopf!

CIL IV 4957

LABYRINTHVS
HIC HABITAT
MINOTAVRVS

Labyrinth. / Hier wohnt / der Minotaurus.

CIL IV 2331

Kurios

Sciapodas vocantur, quod in maiore aestu humi iacentes
resupini umbra se pedum protegant.

Man nennt sie Schattenfüßler, weil sie sich bei größerer
Hitze auf den Rücken auf den Boden legen und sich mit
dem Schatten ihrer Füße schützen.

Plinius, *Naturalis historia* 7,23; über ein Volk in Indien

Hannibals Schlangenbomben

Imperavit quam plurimas venenatas serpentes vivas colligi
easque in vasa fictilia conici. Harum cum effecisset magnam
multitudinem, die ipso, quo facturus erat navale proelium,
classiarios convocat hisque praecipit, omnes ut in unam
Eumenis regis concurrant navem, a ceteris tantum satis
habeant se defendere. Id illos facile serpentium multitudine
consecuturos …

Reliquae Pergamenae naves cum adversarios premerent
acrius, repente in eas vasa fictilia, de quibus supra mentio-
nem fecimus, conici coepta sunt. Quae iacta initio risum
pugnantibus concitarunt, neque, quare id fieret, poterat
intellegi. Postquam autem naves suas oppletas conspexer-
unt serpentibus, nova re perterriti, cum, quid potissimum
vitarent, non viderent, puppes verterunt seque ad sua castra
nautica rettulerunt. Sic Hannibal consilio arma Pergameno-
rum superavit.

Er (Hannibal) befahl, möglichst viele giftige Schlangen lebendig zu fangen und sie in Tongefäße zu werfen. Als er eine große Menge davon hatte, rief er an dem Tag, an dem er die Seeschlacht schlagen wollte, die Flottenmannschaften zusammen und unterwies sie, alle auf das eine Schiff des Königs Eumenes zuzusteuern, vor den übrigen sollten sie sich nur verteidigen. Das würden sie mit der Menge an Schlangen leicht schaffen …

Als die übrigen pergamenischen Schiffe ihre Gegner ziemlich stark bedrängten, fingen sie (die Karthager) plötzlich an, die oben erwähnten Tongefäße auf sie zu schleudern. Das Werfen derselben brachte die Kämpfer zunächst zum Lachen, und der Zweck war nicht zu verstehen. Als sie aber sahen, dass ihre Schiffe voll von Schlangen waren, wendeten sie, erschrocken von der neuen Entwicklung und weil sie nicht sahen, was sie zunächst vermeiden sollten, ihre Schiffe und lenkten sie zurück in ihr Schiffslager. So überwand Hannibal durch eine Taktik die Waffen der Pergamener.

Nepos, *De viris illustribus*, Hannibal 10 f.

Wenn's hilft …

Si quem paeniteat ictus … inlati et statim expuat in mediam manum qua percussit, levatur ilico in percusso culpa.

Wenn jemand den Schlag, den er … einem verpasst hat, bereut und sofort mitten in die Hand spuckt, mit der er zugeschlagen hat, dann wird der Schmerz beim Geschlagenen sofort gelindert.

Plinius, *Naturalis historia* 28,36; Plinius bemerkt dazu noch lakonisch: *experimento facile* – das lässt sich leicht erproben

Ferunt difficiles partus statim solvi, cum quis tectum, in quo
sit gravida, transmiserit lapide vel missili ex iis, qui III
animalia … interfecerint, hominem, aprum, ursum.

Man sagt, dass schwere Geburten sofort leichter werden
sollen, wenn einer über das Haus, in dem die Schwange-
re sich aufhält, einen Stein oder ein anderes Geschoss
wirft, das drei Lebewesen … ins Jenseits befördert hat:
einen Menschen, einen Eber, einen Bären.

Plinius, *Naturalis historia* 28,33

Die Zauberwindel

Caprinum fimum inquietos infantes adalligatum panno
cohibet, maxime puellas.

Ziegenmist, in einem Tuch an unruhige Kinder gebunden, beruhigt sie, besonders Mädchen.

Plinius, *Naturalis historia* 28,259

Backrezept

Mustacei – Mostbrötchen

Zubereitungszeit: 90 Min.
Backzeit: im vorgeheizten Backofen ca. 30 Min. bei 180 °C
Zutaten für 4 Portionen:
250 g Weizenauszugsmehl (Type 405)
10 g Hefe
150 ml Traubensaft
50 g milder Schafskäse (gewürfelt)
1 EL Aniskörner
1 TL gemahlener Kumin (Kreuzkümmel)
50 g weißes Schweineschmalz (oder Margarine)
10 ganze und möglichst frische Lorbeerblätter

Zubereitung

Aus Mehl, Traubensaft und Hefe einen Hefeteig herstellen.
Die übrigen Zutaten hinzugeben und verkneten. Den Teig
mit allen Zutaten ca. 2 Std. gehen lassen. Ein Backblech mit
Backpapier bedecken und ca. 10 Lorbeerblätter darauf an-
ordnen. Aus dem Teig so viele Laibchen formen, wie man
Lorbeerblätter auf dem Backblech angeordnet hat, die Laibchen auf die Lorbeerblätter legen und ca. 30 Min. bei 180°C
im vorgeheizten Backofen backen. Auch wenn Hefe im Re-
zept nicht erwähnt ist, empfiehlt es sich, die Mostbrötchen
zum Backen in einem modernen Elektroofen mit Hefeteig
zuzubereiten, da sie sonst zu hart werden können.

nach: Cato, *De agri cultura* 121

Plinius' Wolpertinger

In seiner *Naturgeschichte* (8,75) beschreibt Plinius den Mantikor, ein menschenfressendes Ungeheuer, das in Indien lebe (die Merkmale stehen im Abl. bzw. Gen. qualitatis – das Deutsche gibt das hier aus Platzgründen nicht wieder):

triplici dentium ordine pectinatim coeuntium → drei Reihen von Zähnen, die kammartig ineinandergreifen

facie et auriculis hominis → Gesicht und Ohren eines Menschen

oculis glaucis → blaugraue Augen

colore sanguineo → blutrote Farbe

corpore leonis → Körper eines Löwen

cauda scorpionis modo spicula infigens → Schwanz, mit dem er wie ein Skorpion Stacheln einbohren kann

vocis ut si misceatur fistulae et tubae concentus → eine Stimme, als würde man den Klang einer Hirtenflöte und einer Tuba mischen

velocitatis magnae → ungeheure Schnelligkeit

humani corporis vel praecipue adpetens → besondere Gier nach Menschenleibern

Viel Erfolg beim Zeichnen! ➤

Fragen Sie Ihren Arzt oder Apotheker

Wasserfestes Pflaster

Olei veteris pondo quinque, spumae argenteae pondo quinque. Haec coquuntur, donec coeant, postea adicitur his resinae pituinae pondo quinque. Ubi emplastri habet temperamentum, adicitur propolis malinae sincerae et bonae, qualis est Attica, pondo selibra, deinde in caccabo deposito visci de quercu lecti pondo quadrans.

Fünf Pfund altes Öl, fünf Pfund Silberschaum. Das wird gekocht, bis es sich miteinander vermischt hat, dann werden fünf Pfund Pinienharz hinzugefügt. Sobald es die richtige Konsistenz eines Pflasters hat, wird ein halbes Pfund Propolis einer echten und guten Malina (?), so gut wie die attische, hinzugefügt, dann wird der Topf vom Herd genommen und ein viertel Pfund Misteln, von einer Eiche gesammelt, hinzugefügt.

Scribonius Largus, *Compositiones* 214

Narkosemittel: der Saft der Alraun-Pflanze

Vis somnifica pro viribus bibentium; medio potio cyathi unius.
Bibitur et contra serpentes et ante sectiones punctionesque,
ne sentiantur; … satis est aliquis somnum odore quaesisse.

Entsprechend der Konstitution eingenommen, hat er eine
einschläfernde Wirkung; eine mittlere Dosis ist die eines
Cyathus (= ca. 50 ml). Man nimmt den Saft ein gegen
Schlangen und vor Operationen und Einstichen, damit
man nichts spürt; manchen reicht … schon der Geruch,
um einzuschlafen.

Plinius, *Naturalis historia* 25, 150

Gegen Schluckauf

Si quis mulae nares, ut tradunt, osculo attingat, … singultum
(emendat). Ad hoc Varro suadet palmam alterna manu
scalpere; plerique anulum e sinistra in longissimum dextrae
digitum transferre, in aquam ferventem manus mergere.

Wenn einer die Schnauze einer Mauleselin küsst, so sagt
man, hilft das gegen Schluckauf. Varro empfiehlt dazu, die
eine Handfläche mit der anderen Hand zu kratzen; die
meisten raten, einen Ring von der linken Hand auf den
längsten Finger der rechten zu stecken oder die Hand in
siedendes Wasser zu tauchen.

Plinius, *Naturalis historia* 28,57;
nach letzterem Tipp hat man wohl andere Probleme

Und wenn all das nicht mehr hilft …

Exorzismus

»Audi, dolor renium, exi a medullis ad ossa, ab ossibus ad pulpam, a pulpa ad nervos, a nervis ad cutem, a cute ad pilos, a pilis in centensimum!« Excutiens incantas, exspues aut ter aut quinquies aut septiens aut novies.

»Hör zu, Nierenschmerz, verschwinde vom Mark in die Knochen, von den Knochen ins Muskelfleisch, vom Muskelfleisch in die Muskeln, von den Muskeln in die Haut, von der Haut in die Härchen, und scher dich von den Härchen hundert Meilen weg von hier!« Während du diese Beschwörung sprichst, schüttelst du den Patienten und spuckst drei, fünf, sieben oder neun Male aus.

Medicina Plinii Nr. 19

Einen Versuch ist's wert …

Dolorem (dentium) rumpes, cum calciatus sub divo supra terram vivam stans caput ranae adprehendes et os aperies et spues intra os eius et rogabis eam, ut dentium dolores secum ferat, et tum vivam dimittes et hoc die bono et hore bona facies.

Zahnschmerzen machst du ein Ende, wenn du mit Schuhen unter freiem Himmel auf frischer Erde stehst, den Kopf eines Frosches fasst, sein Maul öffnest, in sein Maul spuckst, ihn bittest, dass er die Zahnschmerzen mit sich nimmt, ihn dann lebend freilässt und dies an einem guten Tag und zu guter Stunde tust.

Marcellus 12,24

Denkanstöße

Iratus de re incerta contendere noli: impedit ira animum,
ne possit cernere verum.

Streite nicht im Zorn um etwas Ungewisses: der Zorn
hindert den Verstand, die Wahrheit zu erkennen.

Disticha Catonis 2,4

Incipe: dimidium facti est coepisse. Superfit
dimidium: rursum hoc incipe et efficies.

Fang an: Die Hälfte der Tat besteht darin, angefangen zu
haben. Es bleibt / die andere Hälfte: Fang erneut an, und
du wirst die Tat zu Ende bringen.

Ausonius, *Epigrammata* 15

Aut potentior te aut inbecillior laesit: si inbecillior, parce illi,
si potentior, tibi!

Entweder ein Mächtigerer oder ein Schwächerer hat dich
gekränkt: Wenn ein Schwächerer, dann verschone ihn,
wenn ein Mächtigerer, dann verschone dich!

Seneca, *De ira* 3,5,8

Delere licebit
quod non edideris; nescit vox missa reverti.

Du wirst löschen können, / was du nicht veröffentlicht
hast; wenn er erst draußen ist, kennt kein Ausspruch den
Rückweg.

> Horaz, *Ars poetica* 389 f.; wie wahr im Internetzeitalter …

Nulli ad aliena respicienti sua placent.

Keinem, der auf Fremdes schaut, gefällt das, was er selber
hat.

> Seneca, *De ira* 3,31,1

Ignoranti, quem portum petat, nullus suus ventus est.

Für einen, der nicht weiß, auf welchen Hafen er zusteuern
soll, ist kein Wind der richtige.

> Seneca, *Epistulae morales ad Lucilium* 71,3

Ultionis contumeliosissimum genus est non esse visum
dignum, ex quo peteretur ultio.

Die schmählichste Art der Rache ist, wenn man nicht als
würdig erachtet wird, Rache zu empfangen.

> Seneca, *De ira* 2,32,3

Die Spinnen, die Römer!

Bei Fiebermittelchen experimentiere man, so Plinius, …

> …, anne aranei, quem lycon vocant, tela cum ipso in sple-
> niolo resinae ceraeque imposita utrisque temporibus et
> fronti prosit, aut ipse calamo adalligatus.

> …, ob die Weben der sogenannten Wolfsspinne, zu-
> sammen mit der Spinne selbst in einem Pfästerchen aus
> Harz und Wachs aufgebracht auf beide Schläfen und
> Stirn, helfe, oder die Spinne selbst, wenn man sie an ein
> Rohr bindet.

> Plinius, *Naturalis historia* 30,6

Spinnweben wurden laut Plinius auch zum Blutstillen ein-
gesetzt, wenn man sich beim Rasieren geschnitten hat
(29,114):

> Aranei tela … vulneribus tonstrinarum sanguinem sistit.

Nomina vertrackta

Die einen antiken Persönlichkeiten sind uns nach ihrem Vornamen geläufig, die anderen nach ihrem Familiennamen, wieder andere nach ihrem Beinamen. Dieses Chaos muss man erst einmal entwirren …

Sergius

Tullius

Marcus

Marcus

Naso

Flaccus

Publius

Gaius

Quintus

Cato

Catullus

Publius

Varro

Suetonius

Valerius

Publius

Antonius

Tranquillus

Lucius

Terentius

Crispus

Horatius

Ovidius

Porcius

Gaius

Gaius

Marcus

Maro

Afer

Marcius

Vergilius

Catilina

Sallustius

Cicero

Terentius

Vorname	Familienname	Beiname
Marcus	Antonius	

Marcus Antonius (Marcus ist der Vorname, Antonius der Familien-
name; Marcus Antonius verdankt es wohl Shakespeares *Marc Anto-
ny*, dass wir ihn heute mit beiden Namen nennen) – Catilina: Lucius
Sergius **Catilina** – Cato: Marcus Porcius **Cato** – Catull: Gaius Valerius **Catullus** – Cicero: Marcus Tullius **Cicero** – Horaz: Quintus **Horatius** Flaccus – Ovid: Publius **Ovidius** Naso – Sallust: Gaius **Sallustius** Crispus – Sueton: Gaius **Suetonius** Tranquillus – Terenz:
Publius **Terentius** Afer – Varro: Marcus Terentius **Varro** – Vergil:
Publius **Vergilius** Maro

Voodoo

In Bath, dem antiken Aquae Sulis, wurden über 130 Fluchtäfelchen aus Blei gefunden. Das mit dem folgenden Text datiert ins 2. Jahrhundert:

Docilianus Bruceri deae sanctissimae Suli: Devoveo eum, qui caracallam meum involaverit, si vir si femina si servus si liber. Ut [..]um dea Sulis maximo letum adigat nec ei somnum permittat nec natos nec nascentes donec caracallam meam ad templum sui numinis pertulerit.

Docilianus, der Sohn des Brucerus, an die heiligste Göttin Sulis: Ich verfluche den, der meinen Kapuzenmantel gestohlen hat, sei er ein Mann oder eine Frau, ein Sklave oder ein Freier. Die Göttin Sulis möge … dem größten (?) … den Tod bringen und ihm keinen Schlaf gewähren, keine Kinder – noch nicht einmal in froher Erwartung – solange bis er meinen Kapuzenmantel zum Tempel ihrer Göttlichkeit gebracht hat.

Aus Nomentum in Latium, 3. Jahrhundert:

Malcio Nicones oculos manus digitos brachia ungues capillos caput pedes femur ventrem nates umbilicum pectus mamillas collum os buccas dentes labias mentum oculos frontem supercilia scapulas umerum nervos ossum medullas ventrem mentulam crus quaestum lucrum valetudines defigo in has tabellas.

In diesem Täfelchen nagele ich dem Malcius, Nicones Sohn, seine Augen fest, dazu Hände, Finger, Arme, Nägel, Haare, Kopf, Füße, Oberschenkel, Bauch, Gesäß, Nabel, Brust, Brustwarzen, Hals, Mund, Backen, Zähne, Lippen, Kinn, Augen, Stirn, Augenbrauen, Schulterblätter, Achsel, Muskeln, Knochen, Mark, Bauch, Geschlecht, Bein, Einkommen, Gewinn, Gesundheit.

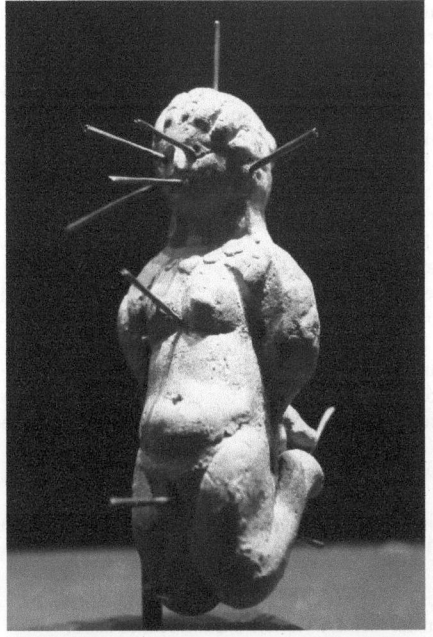

Voodoopuppe aus dem 4. Jh. v. Chr. (Musée du Louvre)

Lösungen und Originaltexte

➤ 14 Max et Moritz

Jedermann im Dorfe kannte / Einen, der sich Böck benannte.

Alltagsröcke, Sonntagsröcke, / Lange Hosen, spitze Fräcke, / Westen mit bequemen Taschen, / Warme Mäntel und Gamaschen – / Alle diese Kleidungssachen / Wusste Schneider Böck zu machen. / Oder wäre was zu flicken, / Abzuschneiden, anzustücken, / Oder gar ein Knopf der Hose / Abgerissen oder lose – / Wie und wo und was es sei, / Hinten, vorne, einerlei – / Alles macht der Meister Böck, / Denn das ist sein Lebenszweck. / Drum so hat in der Gemeinde / Jedermann ihn gern zum Freunde. / Aber Max und Moritz dachten, / Wie sie ihn verdrießlich machten. / Nämlich vor des Meisters Hause / Floss ein Wasser mit Gebrause.

Übers Wasser führt ein Steg / Und darüber geht der Weg.

Max und Moritz, gar nicht träge, / Sägen heimlich mit der Säge, / Ritzeratze! voller Tücke, / In die Brücke eine Lücke.

Als nun diese Tat vorbei, / Hört man plötzlich ein Geschrei: / »He, heraus! du Ziegen-Böck! / Schneider, Schneider, meck meck meck!!« / Alles konnte Böck ertragen, / Ohne nur ein Wort zu sagen; / Aber wenn er dies erfuhr, / Ging's ihm wider die Natur.

Schnelle springt er mit der Elle / Über seines Hauses Schwelle, / Denn schon wieder ihm zum Schreck / Tönt ein lautes: »Meck, meck, meck!!«

Und schon ist er auf der Brücke, / Kracks! die Brücke bricht in Stücke;

Wieder tönt es: »Meck, meck, meck!« / Plumps! da ist der Schneider weg! / Grad als dieses vorgekommen, / Kommt ein Gänsepaar geschwommen,

Welches Böck in Todeshast / Krampfhaft bei den Beinen fasst.

Beide Gänse in der Hand, / Flattert er auf trocknes Land.

Übrigens bei alledem / Ist so etwas nicht bequem;

Wie denn Böck von der Geschichte / Auch das Magendrücken kriegte.

Hoch ist hier Frau Böck zu preisen! / Denn ein heißes Bügeleisen, / Auf den kalten Leib gebracht, / Hat es wieder gut gemacht.

Bald im Dorf hinauf, hinunter, / Hieß es: Böck ist wieder munter!!

➤ 17 Kreuzworträtsel

¹C	²I	³C	⁴E	⁵R	⁶O	■	⁷D	⁸I	⁹E ¹⁰I
¹¹A C	■		¹²E S	¹³S E		■	¹⁴X I		

Wie denn Böck von der Geschichte / Auch das Magendrücken kriegte.

Hoch ist hier Frau Böck zu preisen! / Denn ein heißes Bügeleisen, / Auf den kalten Leib gebracht, / Hat es wieder gut gemacht.

Bald im Dorf hinauf, hinunter, / Hieß es: Böck ist wieder munter!!

➤ 17 Kreuzworträtsel

Row 1: ¹C ²I ³C ⁴E ⁵R ⁶O ■ ⁷D ⁸I ⁹E ¹⁰I
Row 2: ¹¹A C ■ ■ ¹²E S ¹³S E ■ ¹⁴X I
Row 3: ¹⁵V A ¹⁶E ¹⁷V I C T I ¹⁸S ■
Row 4: ¹⁹E R U I ■ ²⁰I O ■ ²¹P ²²Q ²³R
Row 5: ²⁴C U M A E ²⁵E ■ ²⁶I ■ ²⁷Q U E
Row 6: ²⁸A S ■ ²⁹A D ■ ³⁰C ³¹U R A S
Row 7: N ■ ³²P I ³³L U M ■ ³⁴L
Row 8: ³⁵E Q ³⁶U I T E S ■ ³⁷P I ³⁸A
Row 9: ³⁹M ⁴⁰H A U D ■ ⁴¹A R T E
Row 10: ⁴²A U ■ ⁴³S ⁴⁴A L ⁴⁵A A R
Row 11: ⁴⁶E T S ⁴⁷I ■ ⁴⁸M A E U S E

➤ 25 My Bonnie Is Over The Ocean

My Bonnie is over the ocean, / My Bonnie is over the sea, / My Bonnie is over the ocean, / Oh bring back my Bonnie to me! / Bring back, bring back, oh bring back my Bonnie to me, to me, / Bring back, bring back, oh bring back my Bonnie to me!

Last night as I lay on my pillow, / Last night as I lay on my bed, / Last night as I lay on my pillow, / I dreamed that my Bonnie was dead. / Bring back …

The winds have gone over the ocean, / The winds have gone over the sea, / The winds have gone over the ocean, / And brought back my Bonnie to me. / Brought back …

➤ 33 Die Kuh macht Muh!

Tier auf Lat.	Geräusch auf Lat.	Tier auf Dt.	Geräusch auf Dt.
agni	balant	Lämmer	blöken
porci et porcelli	grunniunt	Schweine und Ferkel	grunzen
palumbes	minurriunt	Ringeltauben	gurren
ursi	saeviunt	Bären	brummen
leones	rugiunt	Löwen	brüllen
leopardi	rictant	Leoparden	sägen
elephanti	barriunt	Elefanten	trompeten
ranae	coaxant	Frösche	quaken
equi	hinniunt	Pferde	wiehern
asini	rudunt	Esel	iahen
tauri	mugiunt	Stiere	muhen

➤ 38 Sprichwörter

E rivo flumina magna facis. > Aus einem Bach machst du riesige Flüsse. > aus einer Mücke einen Elefanten machen / Dimidium facti est coepisse. > Die Hälfte der Tat besteht darin, angefangen zu haben. > Frisch begonnen ist halb gewonnen. / Eiusdem est farinae. > Aus demselben Mehl ist er. > aus demselben Holz geschnitzt sein / Exercitatio artem parat. > Übung macht Kunst. > Übung macht den Meister. / Fortunam sibi quisque parat. > Sein Glück schafft sich jeder selbst. > Jeder ist seines Glückes Schmied. / Fortuna obesse nulli contenta est semel. > Das Schicksal ist bei keinem damit zufrieden, ihm nur einmal zu schaden. > Ein Unglück kommt selten allein. / Hominem experiri multa paupertas iubet. > Einen Menschen lässt Armut Vieles versuchen. > Not macht erfinderisch. / Plane qualis dominus, talis et servus. > Gewiss, wie der Herr, so auch der Sklave. > Wie der Herr, so's G'scherr.

➤ 41 Harrius Potter

Die Sprüche sind natürlich nur vom Lateinischen inspiriert, daher hier keine Übersetzungen, sondern nur sinngemäße Übertragungen.

Oculus Reparo! – Ich stelle das Auge wieder her.
Expecto Patronum! – Ich erwarte den Schutzherrn.
Lumos Maxima! – Das größte Licht!
Densaugeo! – Ich vergrößere den Zahn.
Arania Exumai! – Ich verbanne die Spinne.
Mit freundlicher Genehmigung von Michael Stierstorfer.

➤ 51 Die Affen rasen durch den Wald

Die Affen rasen durch den Wald, / Der eine macht den andern kalt. / Die ganze Affenbande brüllt: / »Wo ist die Kokosnuss, / Wo ist die Kokosnuss, / Wer hat die Kokosnuss geklaut?«
     Die Affenmama sitzt am Fluss / Und angelt nach der Kokosnuss. / Die ganze Affenbande …

Der Affenonkel, welch ein Graus, / Reißt alle Urwaldbäume aus. / Die ganze Affenbande …

Die Affentante kommt von fern, / Sie isst die Kokosnuss so gern. / Die ganze Affenbande …

Der Affenmilchmann, dieser Knilch, / Der wartet auf die Kokosmilch. / Die ganze Affenbande…

Der Affenschutzmann schreit: »Verrat! / Die Kokosnuss gehört dem Staat!« / Die ganze Affenbande …

Das Affenbaby voll Genuss / Hält in der Hand die Kokosnuss. / Die ganze Affenbande brüllt: / »Da ist die Kokosnuss, … es hat die Kokosnuss geklaut!«

Die Affenoma schreit: »Hurra! / Die Kokosnuss ist wieder da!« / Die ganze Affenbande brüllt: / »Da ist die Kokosnuss, … es hat … «

Und die Moral von der Geschicht: / Klaut keine Kokosnüsse nicht, / Weil sonst die ganze Bande brüllt: / »Wo ist …«

➤ 60 Iohannes Lupimpetus Goethius: De tirone artes magicas tractandi etiam imperito carmen epicolyricum

Der Zauberlehrling

Hat der alte Hexenmeister / Sich doch einmal wegbegeben! / Und nun sollen seine Geister / Auch nach meinem Willen leben. / Seine Wort und Werke / Merkt ich, und den Brauch, / Und mit Geistesstärke / Tu ich Wunder auch.

Walle! walle / Manche Strecke, / Dass, zum Zwecke, / Wasser fließe, / Und mit reichem vollem Schwalle / Zu dem Bade sich ergieße.

Und nun komm, du alter Besen! / Nimm die schlechten Lumpenhüllen; / Bist schon lange Knecht gewesen; / Nun erfülle meinen Willen! / Auf zwei Beinen stehe, / Oben sei ein Kopf, / Eile nun und gehe / Mit dem Wassertopf!

Walle! walle / Manche Strecke, / Dass, zum Zwecke, / Wasser fließe, / Und mit reichem vollem Schwalle / Zu dem Bade sich ergieße.

Seht, er läuft zum Ufer nieder; / Wahrlich! ist schon an dem Flusse, / Und mit Blitzesschnelle wieder / Ist er hier mit raschem Gusse. /

Schon zum zweitenmale! / Wie das Becken schwillt! / Wie sich jede Schale / Voll mit Wasser füllt!

Stehe! stehe! / Denn wir haben / Deiner Gaben / Vollgemessen! – / Ach, ich merk es! Wehe! wehe! / Hab ich doch das Wort vergessen!

Ach das Wort, worauf am Ende / Er das wird, was er gewesen. / Ach, er läuft und bringt behende! / Wärst du doch der alte Besen! / Immer neue Güsse / Bringt er schnell herein, / Ach! und hundert Flüsse / Stürzen auf mich ein.

Nein, nicht länger / Kann ich's lassen; / Will ihn fassen. / Das ist Tücke! / Ach! nun wird mir immer bänger! / Welche Miene! welche Blicke!

O, du Ausgeburt der Hölle! / Soll das ganze Haus ersaufen? / Seh ich über jede Schwelle / Doch schon Wasserströme laufen. / Ein verruchter Besen, / Der nicht hören will! / Stock, der du gewesen, / Steh doch wieder still!

Willst's am Ende / Gar nicht lassen? / Will dich fassen, / Will dich halten, / Und das alte Holz behende / Mit dem scharfen Beile spalten.

Seht, da kommt er schleppend wieder! / Wie ich mich nur auf dich werfe, / Gleich, o Kobold, liegst du nieder; / Krachend trifft die glatte Schärfe. / Wahrlich! brav getroffen! / Seht, er ist entzwei! / Und nun kann ich hoffen, / Und ich atme frei!

Wehe! wehe! / Beide Teile / Stehn in Eile / Schon als Knechte / Völlig fertig in die Höhe! / Helft mir, ach! ihr hohen Mächte!

Und sie laufen! Nass und nässer / Wird's im Saal und auf den Stufen. / Welch entsetzliches Gewässer! / Herr und Meister! hör mich rufen! – / Ach, da kommt der Meister! / Herr, die Not ist groß! / Die ich rief, die Geister, / Werd ich nun nicht los.

»In die Ecke, / Besen! Besen! / Seid's gewesen. / Denn als Geister / Ruft euch nur, zu seinem Zwecke, / Erst hervor der alte Meister.«

➤ 76 What Shall We Do With a Drunken Sailor?

What shall we do with a drunken sailor, / what shall we do with a drunken sailor / what shall we do with a drunken sailor / early in the morning? / Hooray and up she rises, / hooray and up she rises, / hooray and up she rises, / early in the morning.

Put him in the long boat till he gets sober, / put him in the long boat till he gets sober, / put him in the long boat till he gets sober / early in the morning! / Hooray and up …

Pull out the plug and wet him all over, / pull out the plug and wet him all over, / pull out the plug and wet him all over / early in the morning! / Hooray and up …

➤ 93 De Rumpelstiltulo apologus

Rumpelstilzchen

Es war einmal ein Müller, der war arm, aber er hatte eine schöne Tochter. Nun traf es sich, dass er mit dem König zu sprechen kam, und um sich ein Ansehen zu geben, sagte er zu ihm »ich habe eine Tochter, die kann Stroh zu Gold spinnen.« Der König sprach zum Müller »das ist eine Kunst, die mir wohl gefällt, wenn deine Tochter so geschickt ist, wie du sagst, so bring sie Morgen in mein Schloss, da will ich sie auf die Probe stellen.« Als nun das Mädchen zu ihm gebracht ward, führte er es in eine Kammer, die ganz voll Stroh lag, gab ihr Rad und Haspel und sprach »jetzt mache dich an die Arbeit, und wenn du diese Nacht durch bis morgen früh dieses Stroh nicht zu Gold versponnen hast, so musst du sterben.« Darauf schloss er die Kammer selbst zu, und sie blieb allein darin.

Da saß nun die arme Müllerstochter und wusste um ihr Leben keinen Rat: sie verstand gar nichts davon, wie man Stroh zu Gold spinnen konnte, und ihre Angst ward immer größer, dass sie endlich zu weinen anfieng. Da gieng auf einmal die Türe auf, und trat ein kleines Männchen herein und sprach »guten Abend, Jungfer Müllerin, warum weint sie so sehr?« »Ach«, antwortete das Mädchen, »ich soll Stroh zu Gold spinnen, und verstehe das nicht.« Sprach das Männchen »was gibst du mir, wenn ich dir's spinne?« »Mein Halsband« sagte das Mädchen. Das Männchen nahm das Halsband, setzte sich vor das Rädchen, und schnurr, schnurr, schnurr, dreimal gezogen, war die Spule voll. Dann steckte es eine andere auf, und schnurr, schnurr, schnurr, dreimal gezogen, war auch die zweite voll: und so gieng's fort bis zum Morgen, da war al-

les Stroh versponnen, und alle Spulen waren voll Gold. Bei Sonnenaufgang kam schon der König und als er das Gold erblickte, erstaunte er und freute sich, aber sein Herz ward nur noch goldgieriger. Er ließ die Müllerstochter in eine andere Kammer voll Stroh bringen, die noch viel größer war, und befahl ihr das auch in einer Nacht zu spinnen, wenn ihr das Leben lieb wäre. Das Mädchen wusste sich nicht zu helfen und weinte, da gieng abermals die Türe auf, und das kleine Männchen erschien und sprach »was gibst du mir, wenn ich dir das Stroh zu Gold spinne?« »Meinen Ring von dem Finger« antwortete das Mädchen. Das Männchen nahm den Ring, fieng wieder an zu schnurren mit dem Rade und hatte bis zum Morgen alles Stroh zu glänzendem Gold gesponnen. Der König freute sich über die Maßen bei dem Anblick, war aber noch immer nicht Goldes satt, sondern ließ die Müllerstochter in eine noch größere Kammer voll Stroh bringen und sprach »die musst du noch in dieser Nacht verspinnen: gelingt dir's aber, so sollst du meine Gemahlin werden.« »Wenn's auch eine Müllerstochter ist«, dachte er, »eine reichere Frau finde ich in der ganzen Welt nicht.« Als das Mädchen allein war, kam das Männlein zum drittenmal wieder und sprach »was gibst du mir, wenn ich dir noch diesmal das Stroh spinne?« »Ich habe nichts mehr, das ich geben könnte« antwortete das Mädchen. »So versprich mir, wenn du Königin wirst, dein erstes Kind.« »Wer weiß wie das noch geht« dachte die Müllerstochter und wusste sich auch in der Not nicht anders zu helfen; sie versprach also dem Männchen was es verlangte, und das Männchen spann dafür noch einmal das Stroh zu Gold. Und als am Morgen der König kam und alles fand wie er gewünscht hatte, so hielt er Hochzeit mit ihr, und die schöne Müllerstochter ward eine Königin.

Über ein Jahr brachte sie ein schönes Kind zur Welt und dachte gar nicht mehr an das Männchen: da trat es plötzlich in ihre Kammer und sprach »nun gib mir was du versprochen hast.« Die Königin erschrak und bot dem Männchen alle Reichtümer des Königreichs an, wenn es ihr das Kind lassen wollte: aber das Männchen sprach »nein, etwas lebendes ist mir lieber als alle Schätze der Welt.« Da fieng die Königin so an zu jammern und zu weinen, dass das Männchen Mitleiden mit ihr hatte: »drei Tage will ich dir Zeit las-

sen«, sprach er, »wenn du bis dahin meinen Namen weißt, so sollst du dein Kind behalten.«

Nun besann sich die Königin die ganze Nacht über auf alle Namen, die sie jemals gehört hatte, und schickte einen Boten über Land, der sollte sich erkundigen weit und breit was es sonst noch für Namen gäbe. Als am andern Tag das Männchen kam, fieng sie an mit Caspar, Melchior, Balzer, und sagte alle Namen, die sie wusste, nach der Reihe her, aber bei jedem sprach das Männlein »so heiß ich nicht.« Den zweiten Tag ließ sie in der Nachbarschaft herumfragen wie die Leute da genannt würden, und sagte dem Männlein die ungewöhnlichsten und seltsamsten Namen vor, »heißt du vielleicht Rippenbiest oder Hammelswade oder Schnürbein?« aber es antwortete immer »so heiß ich nicht«. Den dritten Tag kam der Bote wieder zurück und erzählte »neue Namen habe ich keinen einzigen finden können, aber wie ich an einen hohen Berg um die Waldecke kam, wo Fuchs und Has sich gute Nacht sagen, so sah ich da ein kleines Haus, und vor dem Haus brannte ein Feuer, und um das Feuer sprang ein gar zu lächerliches Männchen, hüpfte auf einem Bein und schrie

›heute back ich, morgen brau ich,
übermorgen hol ich der Königin ihr Kind;
ach, wie gut ist dass niemand weiß
dass ich Rumpelstilzchen heiß!‹«

Da könnt ihr denken wie die Königin froh war, als sie den Namen hörte, und als bald hernach das Männlein herein trat und fragte: »nun, Frau Königin, wie heiß ich?« fragte sie erst »heißest du Kunz?« »Nein«. »Heißest du Heinz?« »Nein.«

»Heißt du etwa Rumpelstilzchen?«

»Das hat dir der Teufel gesagt, das hat dir der Teufel gesagt« schrie das Männlein und stieß mit dem rechten Fuß vor Zorn so tief in die Erde, dass es bis an den Leib hineinfuhr, dann packte es in seiner Wut den linken Fuß mit beiden Händen und riss sich selbst mitten entzwei.

➤ 105 Sprichwörter

Abducet praedam, qui occurrit prior. > Die Beute wird davontragen, wer sich als Erster auf sie stürzt. > Wer zuerst kommt, mahlt zuerst. / accipitri columbas credere > einem Habicht Tauben anvertrauen > den Bock zum Gärtner machen / Ad praesens ova cras pullis sunt meliora. > Jetzt Eier zu haben ist besser, als morgen Hennen zu haben. > Der Spatz in der Hand ist besser als die Taube auf dem Dach. / arcem facere e cloaca > eine Burg machen aus einer Kloake > aus einer Mücke einen Elefanten machen.

➤ 108 Numerare latine

[1] C	M	[2] X	C	[3] V	I	■	[4] D
V	■	V	■	I	■	[5] M	X
■	[6] D	■	■	I	■	[7] X	L
[8] D	C	X	[9] X	I	[10] I	I	■
[11] C	L	■	X	■	I	■	[12] V
I	[13] X	X	X	I	I	I	

➤ 124 Fußball-Quiz

Wen nannten sie »die Lichtgestalt des deutschen Fußballs«?
a) René Adler – b) **Franz Beckenbauer** – c) Berti Vogts – d) Uns Uwe

Die Fußballer welcher Mannschaft gewannen 1974 die Weltmeisterschaft? Die Fußballer der
a) **deutschen Mannschaft** – b) russischen Mannschaft – c) brasilianischen Mannschaft – d) spanischen Mannschaft

Welcher berühmte Sänger war früher Fußballer?
a) Roberto Blanco – b) Florian Silbereisen, der Schwarm Helene Fischers – c) **Julio Iglesias** – d) Nino de Angelo

Wie nennt man die Spieler Kaiserslauterns?
a) Die pfälzischen Rächer – b) **Die roten Teufel** – c) Die schwarzen Piraten – d) Die müden Krieger

Wie ist der Beiname Beckenbauers?
a) Floh – b) **Kaiser** – c) Erlöser – d) Der blonde Pfeil

Wie oft hat der Deutsch-Pole Klose als Nationalspieler ein Tor geschossen?
a) 11-mal – b) 100-mal – c) **71-mal** – d) 60-mal

Wie oft hat »Loddar« Matthäus geheiratet?
a) Einmal – b) **Fünfmal** – c) Viermal – d) Zweimal

Wer sagte »Der Ball ist rund«?
a) **Sepp Herberger** – b) Jérôme Boateng – c) Dennis Bergkamp – d) Roberto Carlos

Welcher Spieler hatte die Angewohnheit, einen Salto zu machen, nachdem er ein Tor geschossen hatte?
a) **Miroslav Klose** – b) Der Franzose Zinédine Zidane – c) Der Brite Frank Lampard – d) Gabriel Batistuta

Tipps zum Weiterlesen

Einzelne Beiträge stammen aus diesen Büchern:

Kai Brodersen: Q. Cicero. Tipps für einen erfolgreichen Wahlkampf.
Stuttgart 2013. [S. 116–122]

– Plinius' Kleine Reiseapotheke. Stuttgart 2015. [S. 71–73; mit
freundlicher Genehmigung des Franz Steiner Verlags.]

Hartmut Froesch: Aulus Gellius. Noctes Atticae. Stuttgart 2018.
[S. 70, 106–108]

Marion Giebel: Cicero. Keine Angst vor dem Älterwerden! Stuttgart
2020. [S. 81]

– Cicero. Wahre Freunde. Stuttgart 2012. [S. 114]

Niklas Holzberg: M. Valerius Martialis. Epigramme. Stuttgart 2008.
[S. 79 f.]

Vincent Hunink: Glücklich ist dieser Ort! 1000 Graffiti aus Pompeji.
Stuttgart 2011. [2., erw. und durchges. Aufl. 2022. S. 99 f., 129–131]

Robert Maier: Rezepte aus dem alten Rom. Stuttgart 2023. [S. 35 f.,
89, 126 f., 135]

Melanie Möller: Ovid. 100 Seiten. Stuttgart 2016. [S. 68 f., 86 u.]

Alf Önnerfors: Antike Zaubersprüche. Stuttgart 2018. [S. 104, 140]

Carolin Ritter: Philipp Melanchthon. De miseriis paedagogorum.
Über die Leiden der Lehrer. Stuttgart 2015. [S. 41–43]

Franz Schlosser: Brüder Grimm. Erat Olim ... Die 12 schönsten
Märchen auf Lateinisch. Stuttgart 2015. [S. 93–95]

– Cantate Latine. Lieder und Songs auf Lateinisch. Stuttgart 2013.
[S. 25, 55, 78, 123]

– Cum filio pater equitat. Die 10 beliebtesten Balladen auf Lateinisch. Stuttgart 2017. [S. 63–66]

– Wilhelm Busch. Max und Moritz auf Lateinisch. Stuttgart 1993.
[S. 10–16; durch den Übersetzer überarbeitet]

Von Franz Schlosser stammen auch die Fußball-Lieder [S. 17 f.] sowie
   das Fußball-Quiz [S. 124 f.].
Rhoda R. Schnur: Juvenal. Satiren. Hrsg. von Harry C. Schnur. Stutt-
   gart 1969. [S. 50–54]
Holger Sonnabend: Antike. 100 Seiten. Stuttgart 2017. [S. 82 o., 85]
Michael Stierstorfer: Harrius Potter im Lateinunterricht – Harry
   Potter als Motivator für die Lektürephase. Aachen 2017. [S. 44]
Karl-Wilhelm Weeber: Die Kunst der Liebe. Ovids Tipps für
   Frauen/Männer. Stuttgart 2017. [S. 103; paraphrasiert]
– Humor in der Antike. Stuttgart 2018. [passim]
– Super! Griechische und lateinische Wörter im Deutschen.
   Stuttgart 2015. [S. 60–62]

Weitere Lektüretipps:

Fritz Fajen: Sapientia Romanorum. Weisheiten aus dem alten Rom.
   Stuttgart 2008.
Muriel Kasper: Reclams Lateinisches Zitaten-Lexikon. Stuttgart
   2014.
Juliane Schwartz / Ermelinde Wudy: Römer selbst erleben.
   Kleidung, Spiel und Speisen – selbst gemacht und ausprobiert.
   Stuttgart 2010.
Karl-Wilhelm Weeber: Das antike Rom. Darmstadt 2018.

Viele Werke, die in diesem Buch zitiert werden, sind in Reclams Universal-Bibliothek verfügbar. Genauere Informationen gibt es unter:
www.reclam.de/programm/weltliteratur